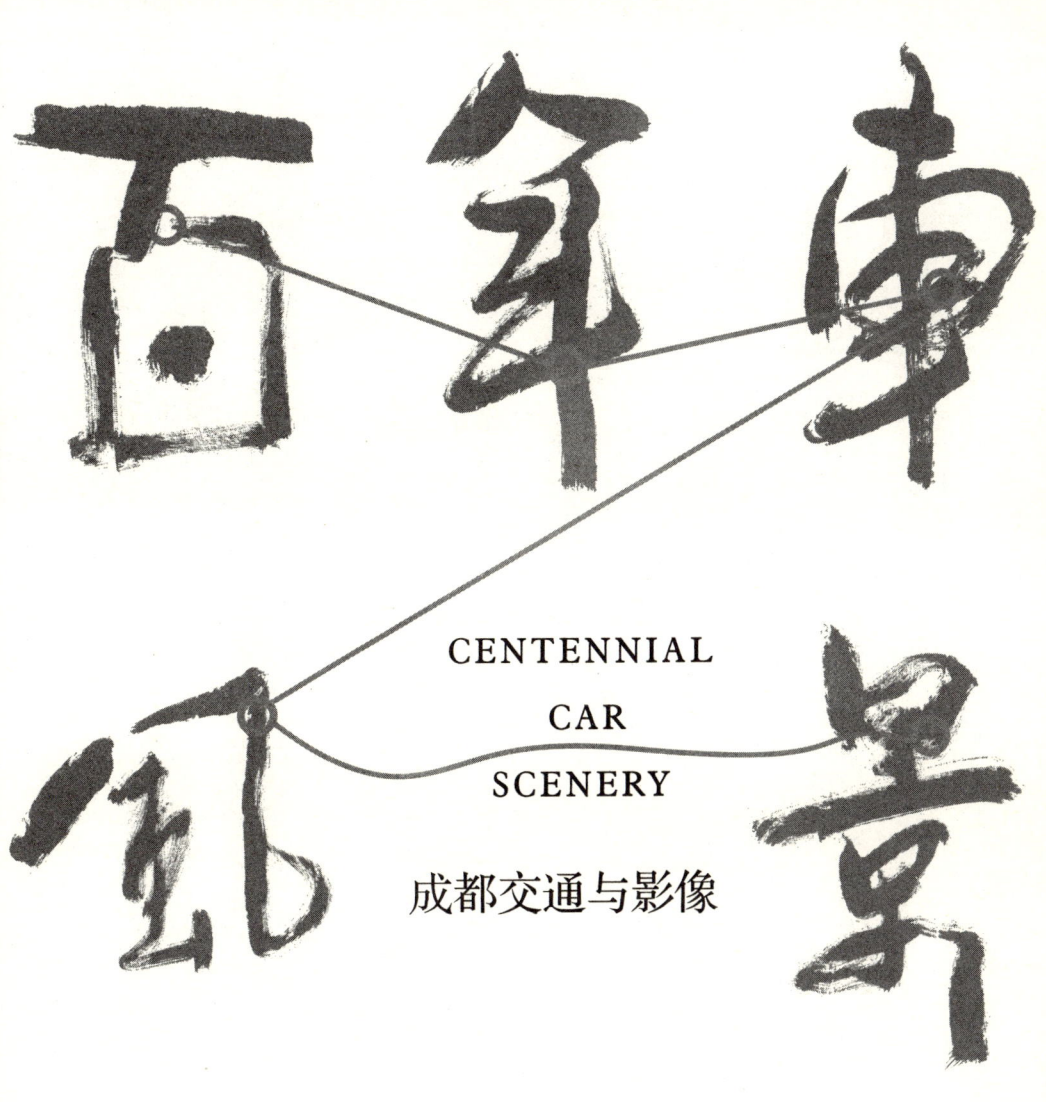

CENTENNIAL
CAR
SCENERY

成都交通与影像

张建◎著

是车的风景 更是人的悲欢

张阿泉

在成都出租交通企业担任高管多年的张建先生，本身是摄影家兼作家，对自己的本职工作又充满了格外的热爱（属典型的"干一行爱一行专一行"）。他力主创办的"蓉城的士文化博物馆"，不但系成都第一家，恐在国内也是绝无仅有、填补空白。我曾有幸见证了蓉城的士文化博物馆的筹创过程，并到开馆后的展厅参观过，深为"始作俑者"张建先生独到的文化眼光与魄力所感佩。成都出租交通行业能有这么一位心细如丝的麟凤人物参与其中，并在领导岗位上得以发挥才智，真是整个行业的大福分。

理论上讲，任何一种与人类生活密切相关的产业和生产资料都具有独一无二的文化属性，时间一久，普通实物就变成了稀罕文物，只要人们勤于钩沉辑佚、拜物民间，就可汇集创建出主题博物馆（譬如在内蒙古锡林郭勒盟镶黄旗建有国内第一家"蒙古马文化博物馆"，馆内实物区陈列着数百件珍贵实物）。蓉城的士文化博物馆即以成都出租交通业的各种相关资料，包括实物、票据、牌照、图片等为搜索目标，这个貌似不太"有料"的行业，没想到一网撒下去竟网得鱼虾满舱，各种陈旧发黄却依然鲜活醒目的实证物件从被湮没的犄角旮旯"浮出水面"，纷聚一堂。断片却生动地复活了成都"的士"行业的前尘梦影——博物馆资料涉及营运轿子、出租马车、营运鸡公车、黄包车、人力三轮车、机动三轮车、出租汽车等各"的士"种类，从此成都"的士文化"从虚到实，变得有据可查、有物可证。蓉城的士文化博物馆小而微，虽不能与樊建川先生的"建川博物馆聚落"相比肩，但意义同样非凡，它提升了成都整个出租交通行业的文化竞争力，使成都"的士文化"正式具象化、系统化地成为天府文化的一部分。

　　蓉城的士文化博物馆的开馆解决了"当历史可以观看"的文物陈列问题，而创建它的张建先生尚不满足于此，紧接着就拓展出"当历史可以探秘"的史话研究。正是依托筹建博物馆过程中所采获的第一手文献与口述资料，张建先生"近水楼台"，费时两载，精心写出了《从清朝开来的的士：成都出租交通史话》（四川文艺出版社2017年10月版）。该书以清通诙谐的语风，细述成都自清嘉庆朝以来各阶段出租车的诞生过程及所历经的江湖风雨，厘清了成都出租交通传承的来龙去脉。

　　城市的万千市井生计与花样，大致都会围绕"衣食住行"这几个基本且刚性的社会需求来运转。"的士文化"关乎"行"，占了"衣食住行"的重要一项，所以内涵极为丰富。张建先生明显触碰到了一座文化富矿的矿脉，手中还有大量的好原料没有开采，故自去年推出《从清朝开来的的士：成都出租交通史话》之

后，今年接着奉上这部《百年车风景：成都交通与影像》。该书所收凡 19 篇专题文章，配以若干以票据、证件、公文告示、车辆照片和人物合照等为主的相关图片，以达到"图文的互动互证互解"。作者从赫赫有名的棉花街（民国汽修一条街）开篇，历数了屡屡超前的商用轿车、几度浮沉的公共汽车、城里城外争地盘的黄包车、被成都人熟练操作的木炭车、清末衰退民国又起的客运马车、新中国第一辆双层公共汽车"火炬号"、在成都终于来"电"的城市电车、川西坝子既拉货又拉客的鸡公车、民国时期的出租自行车、"客串时代"客货并举的公共汽车和长途汽车、新成都取代黄包车的人力三轮车、"小爬虫"（红卫 250K 型）机动三轮客车、"炮耳朵"偏三轮或偏斗车、"全民下海时代"五花八门的二手出租汽车，几乎穷尽百年来在成都奔跑过的车辆之各种制式。同时，还专文重点介绍了成都民国难以驾驭的"驾车术"、成都人喜欢"与车合影"的爱车习俗、成都人力车业的"活化石"曾绍成的生平履历，以及成都人力车业的"为人民服务模范"马海岑、"公益明星"张鸣皋、"草根书法家"杨吉明……如果说去年彼书是"从出租车的偏旁进入成都交通史"，那么今年此书就是"从百年车风景透视成都市井风云"，关注范围已从成都出租车一个行业延展到了成都整个交通业。

逐幅、逐页地研读完张建先生新著《百年车风景：成都交通与影像》的全部图文，我感到十分陶醉与满足，宛如享受了一部重口味的、烧脑的"公路小说"。书中每一篇文章都朴实无华，却言之有物、叙之有例，像田野调查报告一样周详细密，又像侦探推理小说一样引人入胜，走的是"新闻＋论文＋散文"混搭的模式,既有宏观背景概述,又有微观个案分析,既有具体数字的统计支撑,又有专业术语的干货阐释,既有文献的查考打捞,又有寻访的意外奇闻,可谓水准极高的"非虚构作品"——而这样的作品是当下这个浮躁时代所特别缺乏的。张建先生文章的写法,与作家兼军事专家萨苏先生文章的写法颇有类似处,都是"大历史+小故事""真史料+深情怀"。《百年车风景:成都交通与影像》及《从清朝开来的的士:成都出租交通史话》,这样的书不能仅列为大众普及读物,实际还是别具视角、观察与况味的交通工具学、民俗学、社会学之作;对于充实丰满成都交通史乃至成都城市文化史的细部有着拓荒、建设的意义。

呜呼,人生在世,每每艰辛多、安逸少,大多数人的大部分时间都是"走马兰台类转蓬",为眼前的稻粱或杳渺的前途而奔波,正所谓"天下熙熙,皆为利来;天下攘攘,皆为利往",这"一来一往"在车马劳顿、行色匆匆的"路上"体现得最为淋漓尽致——不管是驾车的师傅,还是乘车的旅客,皆如此。《百年车风景:成都交通与影像》聚焦车的风景,实则关注的是人的悲欢,因为车的灵魂永远是人,且往往是普通人。意识超前、善于创新、心态包容的成都人有浓郁的"爱车情结",百年来不断购车、租车、改车、造车、开车、修车,日常始终离不开一个"车"字。"车风景"背后隐藏的"车经济",既承载着成都人的希望,也牵绊着成都人的愁苦;既连带着沉甸甸的收获,也透露着赤裸裸的盘剥……如此说来,《百年车风景:成都交通与影像》就更是一部挖掘岁月遗珠,具有"纸上纪录片"性质的"成都车人物语"了,我们实在得感谢作者为此付出的穷搜之功与爬梳之力。

书内实录了一系列一线小人物的故事，这些近乎传奇的桥段都确有其人其事，毫无虚构。小人物无意中就创造了历史、引领了风潮，这也是该书最值得追读与回味、最富于人文情怀的地方。

　　张建先生在《几度诞生的成都公共汽车》一文的结尾说："一个城市的公共交通哟，真的是一个城市的镜子，时时刻刻映照着这个城市的人和他们的时代。"这句话，似可做全书的总结。

　　是为小序，略记我作为作者好友的一份由衷欣赏，也聊为同好非虚构作品的读者做阅读心得分享。

2018 年 8 月 15 日　写毕于呼和浩特

张阿泉，内蒙古广播电视台记者、纪录片导演、作家。

目录 Contents 百年车风景

棉花街，民国汽修一条街　　/ 001

商用轿车：何时撞开了成都的门　　/ 013

几度诞生的成都公共汽车　　/ 031

城里城外黄包车　　/ 051

民国，成都善用"木炭车"　　/ 073

成都的"伦敦马车"　　/ 083

双层公共汽车"火炬号"　　/ 095

成都电车何时来的"电"　　/ 107

成都民国的"驾车术"　　/ 119

成都人的"车风景"　　/135

鸡公车也是"的士"　　/159

民国时期的"共享单车"　　/171

客车货车的"客串时代"　　/181

好客的"客三轮"　　/191

机动三轮"红卫250"　　/213

人力车业里的活化石——曾绍成　　/221

六十年前，三轮车驾驶员里的"书法家"　　/231

"全民下海"的出租汽车　　/241

成都的"炮耳朵"　　/263

怀旧不仅仅是一种情怀　　/275

棉花街,民国汽修一条街

20世纪80年代，成都的纱帽街早已是闻名于世的汽车配件一条街了。那时是改革开放初期，纱帽街仿佛是在一夜之间冒出了数百家汽车配件经营商。其经销的大都是日本车、东欧车，以及苏联车的汽车配件，当然也偶有国产汽车的零配件，几乎可以说是要啥有啥，没有买不到的汽车配件。

成都汽配一条街为什么会把诞生地选择于纱帽街呢？从表面上看，纯属偶然，以为当时有了几个汽车配件经营商选择了在纱帽街租铺面开公司，其他人看其生意不错，于是后来者接踵而至，纱帽街自然就成汽配一条街了。其实不然，纱帽街能成就汽配一条街，不是凭空而来的。

在纱帽街北段有一条与之垂直相接的街道，那就是棉花街。现在地图上是查找不到的，是因为成都蜀都大道形成后已全面覆盖了它。棉花街在20世纪50年代属于成都东城区书院西街派出所的辖区，在民国时期则已是有名的汽修一条街了。那时的汽车修理与汽车配件的供给，大都是在汽修厂里一次性完成，且那时的汽车配件供给和采购是一件非常重大或难以获得的重要物资。所以，在民国时期的成都人记忆之中，棉花街是何等重要的汽修一条街哟。

其实，在棉花街被蜀都大道全面覆盖后，依然有着汽车故事的发生，那就是四川省汽车配件公司选址于此，并建有一座显眼的办公大楼，一、二楼是对全省供给汽车配件的接待和交易大厅，二楼以上便是该公司的办公用房。那时，这个汽车配件公司很牛，全省有车单位的人员，可以说是无人不知。但它却恰恰也

选址于曾经的棉花街的地段上,不知是偶然还是必然。

改革开放初期的20世纪80年代,市场经济兴起,棉花街虽不存在了,但与之垂直相连的纱帽街依旧。于是,汽修一条街的旧梦苏醒,仿佛一夜之间,成都的汽车梦落地生根。汽配一条街在纱帽街就这样诞生了。

在民国时期,棉花街形成了成都汽修一条街,但它却并不是成都第一家汽修厂的始发地。众所周知,成都是四川汽车运输业的发祥地。随着民国运输业的兴起,车辆增加,汽车的装配和修理问题也随之而来。民国18年(1929年),也就是成都在四川开先河有了汽车运输业之后的第三年,原成灌马路长途汽车公司和成都华达汽车公司的技师郑悦亭、段津一,慧眼发现,马路局和各民营汽车公司无力解决自身车辆的装配修理,于是集资400元,在成都青石桥租赁铺面,筹办汽车修理业务,并选吉日于当年8月18日正式开业,给公司取名为"西方汽车装修公司"(后文简称"西方公司")。

郑悦亭和段津一敢于创办成都乃至四川第一家汽修厂,也是他俩应有的底气和本事。早在民国15年(1926年),成灌马路长途汽车公司和成都华达汽车公司同赴上海,向美商怡昌洋行订购福特汽车底盘时,洋行就推荐两人担任此批车辆的技术人员,便于车辆入川后的底盘装配和维修。所以,郑悦亭和段津一经过三年修车技术积累,有了大量的实践经验。

西方公司开业了,郑悦亭任经理,段津一任机务主管,并另雇员工三人,分别担任会计、采办、司库等职。公司开业后,规模虽小,修车技术却是一流,所以,业务十分兴旺,颇受当时成都地区汽车同业的欢迎,公司知名度迅速提高。由于郑、段两人修车业务精专,也惊动了外资汽车经销商。民国18年底,美商美信洋行专门派人与西方公司洽谈合作,并委托该公司作为成都代办处,代销美制福特汽车以及同型汽车配件。由于有了福特汽车及配件的代销权,西方公司的业务更是日益兴旺,如日中天,已是一家汽车修配的知名公司了。

西方公司开业三年后的民国21年(1932年),做汽车生意的外商洋行大量涌入成都,且直接经营汽车销售并办汽车修理部。由于西方公司资本少,维修设备也无法与外资外商竞争,终于在民国21年底被英商亚细亚公司吞并了。亚细亚公司虽然吞下了西方公司,但西方公司是成都第一家汽修公司的美誉却未吞下。

这之后,成都的民族资本迅速补上其位,棉花街就是在这样的背景下,被热爱汽车修理业的民族资本盯上的。不知过了几个春秋,棉花街竟然成了汽车修理一条街了。据民国27年(1938年)成都发布的调查报告显示,成都已有汽车修理厂8家。民国29年(1940年),国民政府交通部颁布了《战时管制经销汽车公司、商行及修理汽车厂暂行办法》,其中对汽车修理厂、行有明确要求,其内容有:"经营汽车修理厂、行应有主要修理工具及停放4辆汽车的厂房,并优先为军用汽车修理服务。"此办法也于民国30年(1941年)1月在《交通公报》上予以公告。此办法出台,给予棉花街的汽修厂商们巨大的压力,但同时也迫使他们为了生存而对汽车修理硬件和管理做了升级,以适应交通部的要求。

这以后,棉花街上的汽修商不断重视汽车的规范维修和业

务管理。从笔者收藏的数份棉花街汽修商家于民国时期开出的发票上看,其规范程度已远超一般想象。发票均为制作良好的印刷品,在民国时期已是非常不易的事儿了。发票上表格内容填写完整,讫章完备,科目齐全,并粘有税花票,厂址地名一应俱全,其地址有棉花街43号的"顺昌五金汽车材料行"、棉花街48号的"华新行"、棉花街50号的"新华车行"、棉花街58号的"云一铁厂"、棉花街江西馆内东首的"协记建中机器制造汽车

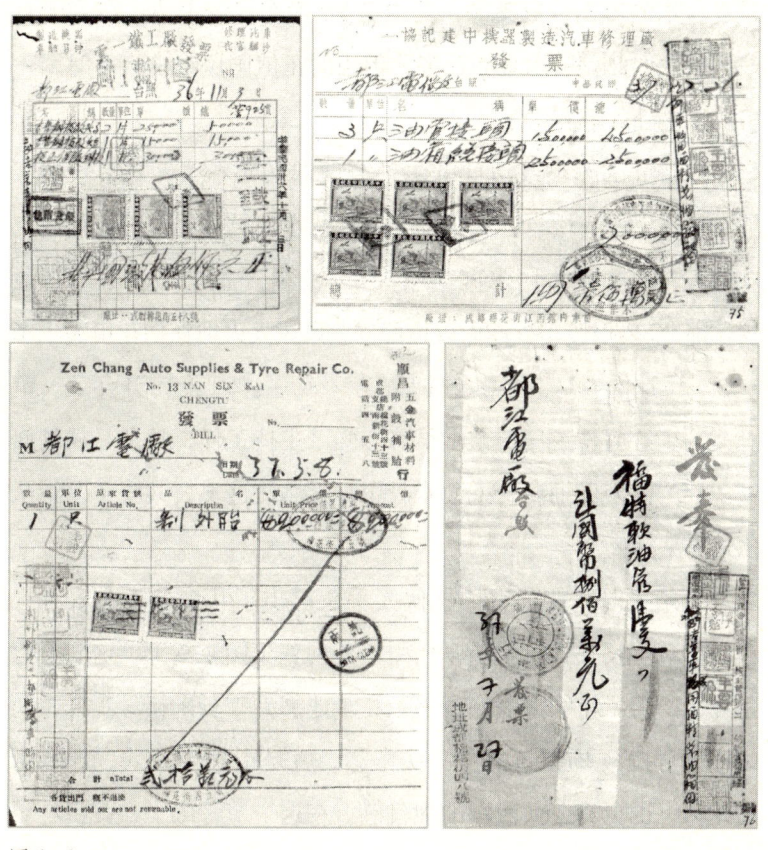

图1-1

修理厂"等等。（图1-1）

成都解放后，棉花街的汽修业再一次做出了大贡献，那就是在1952年诞生了成都第一批16辆公共汽车。

1951年3月，成都市建设局抽调公用科干部晋良玉等人去组建"成都市公共汽车筹备处"，并给予硬任务，必须改造出一批新车，用于1952年7月1日开行成都公共汽车第一线。当时给予的条件就是基本建设费用26万元，及价值11万元的旧货车47辆，主要是美国的福特、道奇、吉姆西、万国、雪弗兰，以及日本的丰田、尼桑等，其中有20辆车已经报废。在今天看来，条件如此差、困难如此多，但当时正值国民经济恢复时期，可以说是处处都有困难。

筹备处的车辆改造任务由副经理刘义允牵头，并带领黄宝坤、韩晋忠、郝松年、刘德宝等一批技术人员直赴成都棉花街汽车修理车间，用青冈木做车厢骨架，把美孚油桶敲平做车身蒙皮，那20辆报废车拆卸做改造配件，风风火火地在棉花街大干了一场——这伙人是工作和吃住都在棉花街了。到了1951年底，市上又调了红旗铁工厂的技术员惠志强来主持工作，特别又从红旗铁工厂的汽修厂抽调一批技术骨干，猛然使这支公共汽车改造队伍如虎添翼。

当年末时，在黄宝坤这伙人手头已出了几台"长头式"样车，所谓"长头式"就是车辆引擎外前置（图1-2）。这时，筹备处专门请了市领导郝德青书记和米建书副市长来指导工作，两位市领导在现场提议搞"平头车"，就是引擎内置式，那样可多载客，也更具公共汽车的现代感。在这个节骨眼上，黄宝坤更

图 1-2

是大显身手,具体的整车结构设计和数据都是由他拿出的。他用的是他最得力的人工计算机——其实就是一只老算盘。平头车的设计是很有超前感的,车内坐垫靠背全用牛皮绷制,车身外体喷了漆,打了蜡,还抛了光。到了1952年3月验收试车时,市领导郝书记、米副市长还亲自乘坐体验,并带来了苏联专家参与验收,给出的评价是"车不错,坐起来平稳舒服,结实耐用,美观大方"。成都解放后,第一批公共汽车就这样在棉花街出炉了,它分别有黄色涂装车身和红色涂装车身。这时,站在棉花街上向汽车修理车间望去,那红那黄相配着,真是一片喜气洋洋。(图1-3)

更庆幸的是两位市领导在棉花街汽修车间里的提议搞"平头车",在几个月后开行的公共汽车第一线的营运中得到了增效验

图1-3

证。1952年出台的《成都市公共汽车管理规则》第三条载:"公共汽车应按乘客数量上车,不得超载乘客,短头车乘55人,长头车乘45人。"显然,平头车比长头车增加载客量在百分之二十以上。与此同时,在当时的《成都市公共汽车售票员工作责任制》的第五章,即"售票员之权利",其章第六条这样表述:"车到站不得超载乘客,大车不得超过65人,小车不得超过45人。上够人数一定拒绝再上,为此,站与站之间互相照顾,避免一个站上得很多,而别的站不能上一个。"实践已表明了,市领导郝德青书记和米建书副市长提出搞"平头车",是个非常有效的良策。

自从在棉花街汽修车间里打造了第一批公共汽车后,技工黄宝坤、韩晋忠和他们的师兄弟们仿佛是得到了神助一般,尤对汽车装修有了特别的感觉，而且干劲儿十足。1954年，成都市公用局汽车修理厂成立，黄宝坤调入当了骨干技术员，他身上的神助这时更是发挥到了极致，并在1958年间干了一件大事，这件事情一下子传遍了全国公共汽车业界。

1958年，公用局查询国内还无通道式公共汽车出现。何为通道式公共汽车？通俗讲就是两个单体公共汽车相连接且相互连通，可载客翻一番的公共汽车，而且两单车相接后，既安全可靠又操作灵活。这时的市公用局极想得到此车，以解决当时车少乘客多的大矛盾。其实，当时所谓的"车少乘客多"，也是"人为所致"。成都解放之初，黄包车夫是3万有余，但到1958年初，黄包车夫大都转岗当了产业工人，而在街上运营的黄包车总数仅为原来的十分之一了。原出行靠黄包车的市民逐步改乘公共汽车，再加之成都当时的工业生产迅速发展，极大提增了产业岗位，所以公共汽车的运输能力自然是力不从心，"车少乘客多"催压着主管当局。

既然国内没有通道式公共汽车，那我们成都人可否自己造？时任成都市公用局局长的颜愧生亲自出马来抓此项工作。第一时间调集其汽修厂的黄宝坤、李坤等一批技术人员，不知进行了多少次设计、计算和实验，于1958年底，终于打造出全国第一辆60型依卡路斯通道式柴油公共汽车（图1-4），载客量猛然达到200人。成都造的这款60型公共汽车迅速蜚声全国同行，北京、上海、天津等城市的学习交流人员纷至沓来。然而，颜局长带领的黄宝坤这样敢于创造和探索的成都人，并非大功告成去睡大觉，而是接二连三又打造出三节通道式公共

图 1-4

汽车和双层式公共汽车。三节式车载员可达到 300 人，双层车是用 T-234 大道奇旧货车改造的，载员近 100 人，被取名"火炬号"双层公共汽车。成都在短短的几个月内，一连串儿冒出了三个全国第一。（图 1-5）

今天，在全国各地的公共汽车中，无论是两节通道式还是双层公共汽车，早已成为常态，但你知道不，这些款式和大容量载客功能的公共汽车发源地就在成都，就在成都的棉花街。今天的棉花街虽已被蜀都大道某段全面覆盖，但它依旧传承着汽车梦的美好基因。

成都，民国时期的汽修一条街，在今天依然活着……

图 1-5

商用轿车：何时撞开了成都的门

不管我们叫小汽车或叫小轿车,它以商用的方式登陆成都,或者说是撞开成都的门,已近百年历史了。

这些轿车每每引入成都,有其非常明显的时代特征,并可归纳为"三个首次"。所谓"三个首次",第一个就是民国14年(1925年)10月,成都引入了1辆英制奥斯汀1214小汽车。虽然仅仅1辆,但是零的突破,可谓划时代的。第二个是1957年3月,成都一下子花了20万元,引入4辆全新梅赛德斯－奔驰220a/W180。这款车在原产地德国也刚推出两年多,大多被欧美大财团采购为专用高端车。然而,这款小轿车来到成都,却是专供成都市民租用,并且还成立了专门的营运机构,叫"成都小汽车出租站"。说白了,只要某位市民愿意,就可租去游山玩水。成都对待小轿车,真的是有些不可思议的疯狂。第三个是在1979年9月,成都刚刚启动改革开放之时,仿佛一夜之间,又引入了10辆上海牌760Ⅱ型小轿车。那时,成都只是偶尔于街头可看见此车,人们头脑中的印象,那是大首长在公务出行。而这次引入,还是做小汽车出租,同时,还是把这个任务交予刚刚恢复的成都小汽车出租站来营运。这10辆上海牌小轿车摆放在市中区的盐市口,任成都市民们随时租用。在上海牌小轿车周围转动着的人,好奇地睁大眼睛,大都难以置信,这么豪华的小轿车,我们也可一用?况且眼前的小轿车跟大首长的专车没有一丝差异。

其实,从"三个首次"也可看出成都人的性格、意识以及观

念，另外，在这三次商业轿车的引入和使用中，也演绎了许多有趣的故事——

一、奥斯汀撞开的"第一个首次"

民国14年，成灌马路总局正筹备成灌马路长途汽车公司，派其车务部长张仲华亲赴上海，向美商怡昌洋行订购9辆营业汽车，也称"8+1订购方案"，即8辆美国福特20座大客车和1辆英制奥斯汀4座小汽车。并于同年9月，从上海用胶轮船运至重庆，再用木船转运成都，时至10月30日抵达成都外东蓥华寺码头。成都城区的人力车商怕这批汽车营业后侵占他们的营运空间，大肆宣传汽车笨重、行驶城区要压坏街面，以图阻止汽车驶入城区。次日，成灌马路总局为求各界支持，在外东望江楼举行庆典，设宴招待各界人士，并将奥斯汀小汽车扎成彩车，由张仲华驾驶，沿九眼桥一带演示，有花篮与火炮助兴，获得了各界人士赞许，随后驱车驶入城区，让沿街市民观赏。当时成都的《国民公报》于11月1日和2日，连续两天在其第6版上予以了大幅报道。奥斯汀小汽车驶入成都城区也是机遇，当时四川军阀刘湘正在成都召开善后会议，各地军阀到成都时，善后会议便派奥斯汀小汽车去迎接，并令警卫派人指挥奥斯汀小汽车一路通行，成都史上第一辆小汽车就这样入城了。

民国15年（1926年）元旦，这辆奥斯汀1214小汽车开始上路营运，专跑刚刚建成通车的成灌马路，当天从城西乡农市出发，西出摆渡去灌县（今都江堰市）。由于该车是在上海买回的二手旧车，加之全长50多千米的成灌马路也是勉强建成，路面

图 2-1

条件极差,所以这辆奥斯汀是一路抛锚,车到灌县,整整用了两天时间。后因人力车业反复干扰等因素,这辆奥斯汀小汽车遗憾地退出了成灌马路上的营运。

但这并不是奥斯汀小汽车的品牌质量问题,而是从上海运回来的是二手货,哪能胜任路况极差的成灌马路呢?其实,还有一个鲜为人知的因素,张仲华买回的这辆二手奥斯汀,还不是正宗的奥斯汀1214,而是一辆奥斯汀的混血儿,它被称为"中国式奥斯汀"(图2-1)。在英国克劳伍德印刷社于2005年出版的《LONDON TAXIS》一书中有这样一段叙文:"由奥斯汀所产的271台车中的196台出售给了伦敦通用汽车公司,通用公司取用了奥斯汀的底盘,仍然采用11.4马力老款雪铁龙车体,因为通用公司认为购买奥斯汀1214比生产雪铁龙车更为合适。但是此车并不合适,他们的驾驶员给这个奇怪的车身取了个绰号'中国式奥斯汀'。因为他们知道中国进口的中西文化元素混合的奥斯汀在英国人的眼中是多么的古怪。"显然,这辆混血儿奥斯汀真的是水土不服。(图2-2)

所以,在今天看来,当初成灌马路总局选择奥斯汀这辆品牌小汽车跑成灌马路,是没有什么误判的。在《LONDON TAXIS》一书中还有一段叙文:"20世纪20年代出租车史上最重要的发展是奥斯汀出租车的问世,并开始席卷整个出租车市场。"这段话,也佐证了成都人办交通对车辆选择的好眼力。

奥斯汀小汽车确实是个实力品牌,车型从1214标准款开始,近百年来始终在开发新款。较典型的有1930年出的金属车身的奥斯汀1214HL,1933年又出了奥斯汀1214TT,二战后

图 2-2　　　　　　　　　　　　　　　　　　　　曾杨　绘

又诞生了奥斯汀FX3，此款被认为是世界经典商用出租车型。1958年，奥斯汀FX4取代了FX3，并统治伦敦出租车市场近38年。1982年FX4K出品，并把传统的"供出租"的车型，完全打造成了并标志为一个国际化的词"出租车"。1997年，再推出奥斯汀TX1和TX2，以及TX4。2008年北京奥运会，全新的奥斯汀TX4成批100辆，专门来到了北京上路营运。

今天，当我们了解到奥斯汀这一商用出租车王国时，我们再想想，成都在近一百年前就选中了它生产的小汽车做我们成都首辆商用小汽车时，真有一种释然之感。

二、第二个首次——1957年小汽车出租是"大奔"

1957年5月1日，这天是成都的一个很热闹的五一劳动节。那个时代，对于翻身做主人的劳动者来讲，能不热烈祝贺自己的节日吗？就是这一天，在成都的这个节日里，发生了一个极具时代特征的事件，成都小汽车出租站开始营业了。全球最知名的小轿车，德国梅赛德斯-奔驰220a/W180来到了成都的大街小巷，做了可供成都市民租用的小汽车。就是说，乘坐它可如乘坐公共汽车一样，等待的，只是咱们成都人的愿意，可电话预约，也可到后子门发车点现场乘坐，没有身份的要求，更没有地位的要求。国外政要财团首脑们享用的德国"大奔"，你一样可去享用。在那个时代，你说这个事件牛不牛。

这是成都时隔30年后，第二次拥有商用轿车的时代，而且，依然还是那么高端，依然是世界知名品牌。那这件事为何会发生呢？还得从成都的1957年初春说起。

那时，成都市政府在回顾总结了开办公共汽车，以及黄包车转岗人力三轮车的成功经验后，极想再次打造一种全新的城市公共交通个性化服务模式，而且这种服务模式在成都史上，恰恰又是从未有过的一种，那就是小汽车出租。1957年3月，成都市政府把兴办小汽车出租项目纳入了议事日程，后来又迅速决策，将此项目筹备的具体事务交由成立仅仅5年的成都公共汽车公司来承担，并拨出政府特种资金20万元，用于车辆专项采购。在市上，由米建书副市长负责筹建项目的指导工作，由市公用局局长曹惠文和朱自明负责筹建项目的牵头工作。

当时的小汽车出租项目的筹备工作分为两项：一是场地选址和建设，行政人员、驾驶员等人的抽调、培训，以及生产运行制度的初建等等；二是车辆的采购和资金的使用等等。

市公用局首先明确了营运机构名称以及交通服务功能，机构全称为"成都小汽车出租站"，其服务功能为小汽车出租，并立即在公共汽车公司内抽调一批人员到岗开展筹建，任命易冰、朱茂才分别担任出租站的正副站长。同时，指定本局全继钦代表公用局负责项目的基建工作，选址在西城区后子门，修建一栋两层的办公楼和一个营运车专用停车点，并按"边生产边建设"的原则进行，不得延误小汽车出租服务项目的如期推出。出租站站长易冰工作刚一个月后被调走，接任他的就立马到位，是位名叫吕振邦的老红军。以此可见，筹备工作是一刻都没怠慢。

筹备工作时至四月中下旬，小汽车出租站已有部分人员，从公共汽车抽调了驾驶员3人，从市劳动局调来新学员10人，行政人员4人。出租站筹备的车辆也有9辆到位了，德国全新梅赛

图 2-3　　　　　　　　　　　　　　三和老爷车博物馆　供图

德斯－奔驰220a/W180有4辆，英国兰特洛瓦旅行车2辆，旧车有美国福特、道奇、雪佛兰各1辆（图2-3）。这时，小汽车出租营业价格也定了下来，由于成都从未有过小汽车出租服务的经验，故把开业后的一段时间定为试营业，所以，这个服务价格也叫试营价。奔驰小轿车为每千米5角5分，英国旅行车为每千米7角，其余旧车为每千米5角。即将向全市公布的租车专用电话也定下来，是4位数的1762。

筹备工作在市上领导的指导下，由市公用局亲自抓筹备，市公共汽车公司像当初筹建公共汽车开线一样，筹备着小汽车出租这个项目，所以，成都小汽车出租站如期于1957年的劳动节这天开业了。这个开业，就是给劳动节的最大礼物。

成都小汽车出租试营两个月后也做了初步统计，已达到出车230台次，营收2500元，行驶里程5000千米，载人与空驶里程为3:2，就是说空驶里程高达40%。空驶里程的产生，既是约租电话带来的福，同时也是它惹来的"祸"。带来的福是有了接单；如果说是其"祸"，无非就是上门接人和车辆返站的空驶里程。试营期的租车户多为私人，单位使用较少，一般为机关干部、医生、教授，还有特殊需求的病人、产妇，以及节日、星期天有组合乘车的市民，以感受坐小轿车的滋味，而且70%是通过电话预约。这也恰恰实现了开办小汽车出租的初心，就是让成都的市民也能像国外大人物一样，能乘坐世界知名的小轿车。看来成都市民也很买账且又有点超前消费的观念，敢于接受新事物。（图2-4）有趣的是在试营中，还搭载过一次外宾到峨眉山往返400多千米的大单，共收费183.6元，并按规定还打了9

图 2-4

折。单位用车多为包租,用户有市级机关和附近县政府,最远曾跑到了西藏拉萨,近的大都在周边区县里跑。

营业两个月以来,小汽车出租站的干部职工还是觉得租车业务不理想,大家都在想办法和总结经验,并于1957年7月25日,出台了《小汽车出租暂行办法》(图2-5),这个暂行办法,其实也是试营业的一种延伸,从来没有过的新事物,总得许可实践呀。可他们当时哪里知道,他们从短短两个多月试营业中实践和总结后出台的暂行办法,可是成都出租车业界划时代的第一部管理办法,从现在看来,是一笔当今成都出租交通业的文化遗产。该办法共有7条相关内容,首先明确了小汽车出租的指导思想和服务对象;其次是进一步优化明确了租车价格,开天辟地地制定了租车的起步价,是以2千米为起步基价,按不同车型加收

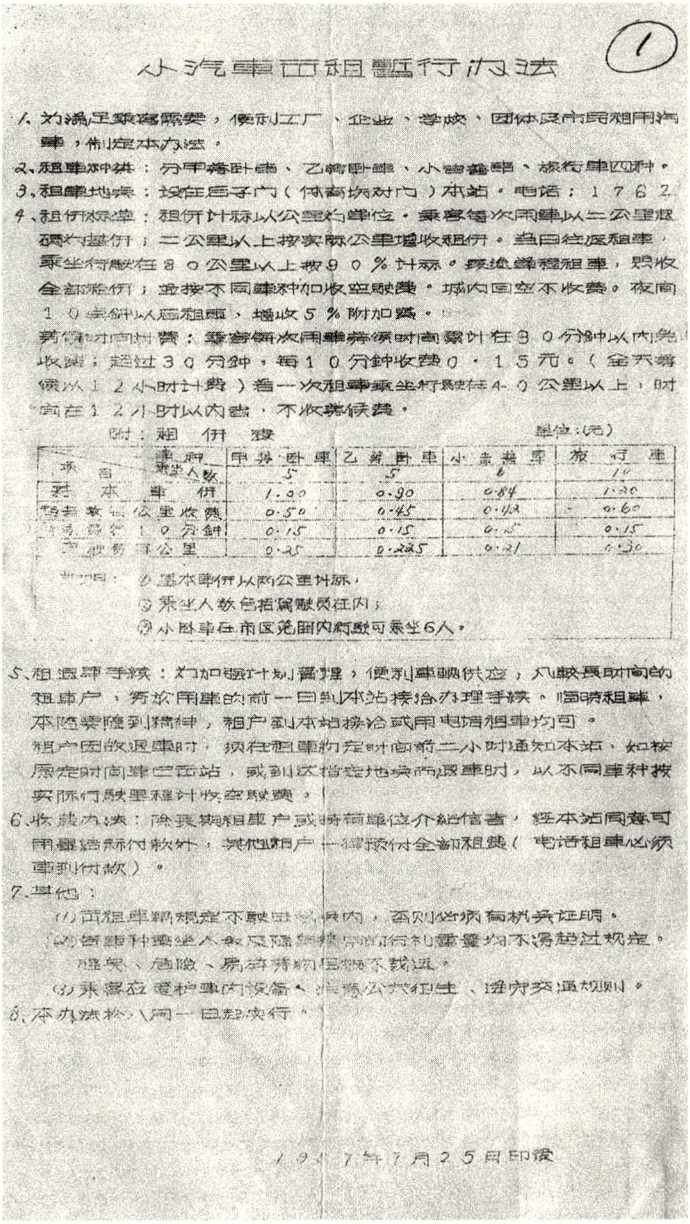

小汽车出租暂行办法

1、为满足乘客需要，便利工厂、企业、学校、团体及市民租用汽车，制定本办法。
2、租车种类：分甲等卧车、乙等卧车、小客货车、旅行车四种。
3、租车地点：设在巳子门（供销社对门）本站。电话：1762
4、租价标准：租价计算以公里为单位，乘客每次用车以二公里为起码计算价；二公里以上按实际公里增收租价。单日往返租车，乘坐行驶在80公里以上按90％计算。长途单程租车，照收全部租价，并按不同车种加收空驶费。城内回空不收费。夜间10点钟以后租车，增收5％附加费。

等候和停车费：乘客每次用车停候时间算在30分钟以内免收费；超过30分钟，每10分钟收费0.15元。（全天候停以12小时计费）若一次租车乘坐行驶在40公里以上，时间在12小时以内者，不收停候费。

附：租价表   单位：元

车种 项目	甲等卧车 5	乙等卧车 5	小客货车 6	旅行车 14
基本车价	1.00	0.90	0.84	1.20
每超载公里收费	0.50	0.45	0.42	0.60
每停候10分钟	0.15	0.15	0.15	0.15
空驶每公里	0.25	0.225	0.21	0.30

说明：①基本车价以两公里计算。
②乘坐人数包括驾驶员在内；
③小货车在市区范围内酌情可乘坐6人。

5、租退车手续：为加强计划管理，便利车辆供应，凡较长时间的租车户，务必用车的前一日到本站接洽办理手续。临时租车，本站要随到随办，租户到本站接洽或用电话租车均可。
租户因故退车时，须在租车约定时间前二小时通知本站，如按原定时间到达本站，或到达指定地点而退车时，以不同车种按实际行驶里程计收空驶费。
6、收费办法：除系费租户或持有单位介绍信者，经本站同意可用转帐结付款外，其他租户一律接付全部租费（电话租车必须事前付款）。
7、其他：
（1）所租车辆规定不得出租区域，否则须有机关证明。
（2）各种车辆乘坐人数及随身携带的行李重量均不得超过规定。爆炸、危险、易污秽的货物不载运。
（3）乘客应爱护车内设备，讲卫生礼貌，遵守交通规则。
8、本办法从八月一日起执行。

1957年7月25日印发

图 2-5

空驶费，夜间10点后增加5%的附加费；第三是明确乘坐人员的限制和乘车的违禁品种类等等。由图可知，此办法是用蜡纸刻板，青色油泥手工滚筒印制，今天依然能看清。它已穿越了60余年光阴，但带给今天的，仍是亲切和幸运。

当时，出租站的租车业务没吸引太多的人，但他们的车辆却是非常吸引人的，甚至成为成都街头的风景。那吸引了什么？——照相。奔驰车尤其成了成都川西民居街上的"模特儿"，无论它停候在后子门车站，还是在街头巷尾接客候车之时，就会有三五成群的人，悄然靠近与之合影。好不幸运！好不兴奋！当时的"与车合影"就有这样的心态。在20世纪50年代，奔驰车在成都的老街上奔驰着，那是多么的耀眼和奢侈哟。

笔者曾把这个故事告诉他人，都说成都人太有超前感了，在1957年就敢买德国大奔做小汽车出租。确实，这一做法不仅仅体现出成都人的超前，而且还展示出成都文化的兼容性和审美眼界。在成都于1957年4月份采购了梅赛德斯-奔驰220a/W180这款车后，它的升级版220s/W128就于半年后诞生了，其车款生产时间准确记载是1957年11月至1962年3月，共生产3073辆。二战后，当联邦德国首任总理康拉德·阿登纳选择了这款车作为自己的专车后，这款车被誉为"300阿登纳"，并风靡世界各国政要和大财团。

时至1958年，小汽车出租站在他们的暂行办法指导下，仍努力运转着，就是在大炼钢铁的时候，他们也没有"脱岗"。无论男女驾驶员，白天要出车，晚上也要去炼钢铁，女驾驶员也常帮着捶炭块。那时他们工作生活虽很累，但也兴致高涨。还有，

最让这个小汽车出租站伙计们深深感动的有两件事：一是他们为当年著名的"成都会议"服了务，驾驶着爱车，在成都西郊的金牛坝招待所进进出出，那兴奋感就甭提了。二是他们团队里有了位巾帼英雄般的人物，她就是出租站的女驾驶员邝桂华，她可算是成都史上的"第一的姐"。邝桂华人品好、驾驶技术好，当然长的样子也好，出租站伙伴们给她取了个靓丽的绰号叫"邝幺幺"，有川妹子之美的意思。（图2-6）她也在这个不平凡的1958年，被上级领导选中送往北京，当了国家副主席宋庆龄的驾驶员，而且一当就是十几年。

小汽车出租站辛辛苦苦地碾过了1958年，大凡租用过车的人都十分满意。但出租站仍感上门业务少，虽然也搞过"薄利多

图 2-6

销"的活动,但收效不佳。其实本质还是市场因素,再加汽油供应日渐困难,真是雪上加霜。小汽车出租站终于1959年初宣告歇业了。

三、国产上海牌轿车就是"第三个首次"

1979年10月1日国庆节这天,忽有10辆崭新的上海牌760Ⅱ型小轿车停放在一起,列队整齐,车身涂装有黑色、浅绿色、冰蓝色和铁灰色,列队的地方就是成都市民熟之又熟的盐市口(图2-7)。当天路过的小货车、大货车、人力三轮车,以及自行车们,都要稍停脚跟,睁大了眼睛,甚至屏住呼吸,疑问着:"这些大轿车是拿来做出租的?"

确实如此,这10辆上海牌小轿车是拿来供出租的,而且谁都可以租,只要你付钱。租车电话已升为5位数的27748。在

图2-7

成都小汽车出租站歇业20年后，于这天苏醒了。是谁把它唤醒的？当然是改革开放的春风。

重建成都小汽车出租项目有了呼声，市政府又一次将其纳入了议题，重建任务又一次落在了成都公共汽车公司的肩上。筹备的单位仍然还是叫成都小汽车出租站，筹备出租站的站长叫柳发铸，其筹建工作是于1978年夏天开始的。前几年，笔者曾到柳发铸的家中访问了他，采访到了珍贵的信息。

"无车辆保养场地、无租车点、无管理车辆经验、无技术力量，唯一有的，就是献身精神和完成重建任务的信心。后来，我们在街沿边搭建临时工棚作为车辆的保养场地，而且还是筹建人员自己动手。"柳发铸说。笔者又问，管理人员的办公室呢？"没有！我刚去的时候办公费没有一分，当时连一根板凳都没有，后来有了还是借来的，我们几位同志就在板凳上办公了。"柳发铸后来说，市上部门还是很支持，一是协调如何从上海采购车辆以及筹备资金；二是帮助在盐市口选建租车服务点，结果是因地制宜，选中了盐市口邮局左侧的一块空地，修建了十几个平方米的砖混房，就权当是成都小汽车出租站的中心服务站了。

到了1979年上半年，已有10辆上海牌小轿车接回成都。车辆是从上海搬上大船运到重庆上岸，再由重庆把车开回成都——早已不是民国15年（1926年）时那样，把奥斯汀小汽车和福特大客车底盘直接由木船水运到成都。为什么呢？笔者问过柳发铸，他说可能是后来水位下降了的原因。他又说，这些都不重要了，能把10辆上海牌小轿车开回成都，已非常幸运了。上海轿车太紧俏了，指标太难拿，不知道找了多少部门，跑了多少路，才拿到这 10 辆小轿车。其实,柳发铸站长说的上海牌轿车太紧俏了,他的那个"紧俏"之中,却含有神秘的故事,而这个故事又恰恰暗示着,上海牌小轿车与成都有着某种缘分。

1958 年初,一辆德国梅赛德斯-奔驰 220s/W128 悄然运至上海汽车制造厂。到厂之后,立刻被上海几十个有实力的工厂共同进行了"活体解剖",后来上海汽车制造厂还把这种协作方式叫作"大联合"。这辆奔驰车是在当时的联邦德国刚问世不久的,并首次采用"浮筒式"设计制造,是当时世界上最前沿的技术。也有人疑问,为什么把一辆刚进口的而且如此高端的小轿车给解体了?但这个疑问被搞汽车制造的人们听去,就知道上海汽车制造厂要干什么大事了。这个"大事",就是要解剖一个蓝本,高起点地制造自主品牌小轿车。

当时,上海并没有大型冲压机和锻造机,他们则集中了全厂最优秀的钣金工,使用铁锤和木榔头打造了车身外覆。可以想象,在那个时刻,上汽厂就犹如一个金属交响乐演奏厅了。1958 年 9 月 28 日,一辆银绿色涂装的上海产小轿车诞生了,取名"凤凰",到 1964 年 2 月,"凤凰"又改名"上海"。截至 1979 年,就是当成都拥有 10 辆上海牌 760 Ⅱ 型小轿车的时候。上汽厂共生产了 1.7 万辆,使之一跃成为全国公务车和小汽车出租的主力车型。

成都与上海牌小汽车的"缘分"就暗藏其中:当年上汽厂为了创自主品牌,"大联合"解剖了奔驰 W128,其实这辆全新车型就是奔驰 W180 量产两年后的升级车型。而成都呢,早在 1957 年创办小汽车出租站时,就奇迹般地选购了 4 辆全新的奔

驰 220a /W180，仿佛成都早就知道这款奔驰车被上汽厂消化后立刻就会孵化出中国自主品牌的轿车似的，真是提前埋下了一个伏笔。

　　20年后的1979年10月，成都小汽车出租站复业，神助般地采购了10辆上海牌小轿车。从成都小汽车出租站首次采购奔驰220a，到上汽厂解剖奔驰220s而制造了"上海牌"，这个"伏笔"续写了一个圆满又奇妙的故事，成都与上海牌小轿车有着前世今生的缘。从中可以看到，崇尚休闲自在，看似节奏缓慢的成都人，其实是有着十分超前的意识的，只不过这种意识往往潜藏在骨子里，被表面的休闲掩盖着而已。

　　1979年国庆节，是成都小汽车出租站复开之时，当天的盐市口给成都人带来的躁动可想而知。好多人围观着，伸长了脖子看，如果你站在远处看人群，人群也是风景。一群群围观人，穿戴只有两种，一是蓝色咔叽中山装，上下一身蓝，另一种就是草绿色的军便装，当时算是时髦的了。站在人群后面的总想挤到前面去看，站在前面的人老是往后用力仰，怕自己被推倒碰伤了他永远都赔不起的大轿车。本来的小轿车在他眼里却成了"大轿车"了？很简单，小轿车太珍贵了，就成了"大轿车"。此刻的他们，根本没有去想自己还可以去乘坐它。漆水光亮的上海牌小轿车，也没有什么门徽、顶灯之类的标志物，纯粹跟大首长的车一模一样，所以不敢想也是情理之中。稍后，让围观人更是不敢相信自己眼睛的是，第一辆上海牌小轿车发车时，驾驶它的竟是一位女司机——这位女司机叫刘能英，她可谓是成都改革开放后的"第一的姐"了。（图2-8）

图 2-8

　　从成都的民国时期到改革开放初期，商用轿车三次撞开了成都之门。与其说是商用轿车撞开了成都之门，倒不如说，是成都人把它们接回了成都。为什么成都人总爱锲而不舍地接它们来呢？能真切回答的，也只有众多的成都人。如果当初，成都人没有胆识那样做，在今天的成都，哪有满街的商用轿车供你随心所用呢，更谈不上今天的成都还有一座"龙泉汽车城"了。

几度诞生的成都公共汽车

诞生为了生存，只有诞生而无生存是遗憾的。

在民国时期，成都先后诞生了成都华达汽车公司（简称"华达公司"）和成都公共汽车股份有限公司。这两家公司都想去干一件事，那就是开行成都的公共汽车，但非常遗憾他们的命运相同，生存期短了又短。其实，据考，想去干这件事的远不止这两家，鲜为人知的还有另两家，一家是四川公路交通委员会，于民国27年（1938年）在其第四次常委会上决定：成都公共汽车由公路局拨车方式创办。但开办公共联络车的生存期仅仅一年。另一家就更有来头，由国民四川省政府于民国35年（1946年）7月正式签发了"禁止使用人力车案会议记录"，而会议记录立马被《新中国日报》刊登，新闻标题很是煽情，题曰："建设市区新型交通——电车轨线三年内建成·人力车自本月起缩减"。但到三年后，这个来头大的"会议记录"仅仅在纸上活着，始终没有落地生根。1952年7月1日，成都解放后的第一家公共汽车公司和公共汽车第一线同时诞生了，这家公司的生存期呢？到今天已达到66年，开办成都公共汽车事业，幸运的仅此一家了——它就是今天的成都市公共交通集团有限公司。

在成都，首开公共汽车线路的无疑就是华达公司了，而其也属机缘巧合，纯属偶然。早在民国13年（1924年），时任四川军务督理的杨森大力投入成灌马路和成都市区扩街整建之时，安居成都的营山士绅何羽仪和天全石棉商胡又新就看到了商机，于是两人合伙集资10万元，正式注册成立了成都华达汽车公司。

何羽仪任董事长,胡又新任经理,何羽仪的儿子何嘉谟刚从法国留学回成都,对兴建公路之事的信息也敏感,便出任协理。公司设址成都实业街。民国14年(1925年)9月,华达公司协理何嘉谟亲赴上海,向美商怡昌洋行购入1.25吨福特客车底盘7套,于民国14年11月运回成都。这些所有的忙乎,都是为了成康马路的建成通车,公司亦经营成康马路的成都至新津段的长途汽车。不巧的是,成康马路当时尚未建成,华达公司已装配的3辆客车只好停放棚内。

成都商人是精明的,车辆闲置是最大的浪费;同时成都商人又富于创新,于是何羽仪提议,想暂时在成都城区开行公共汽车。何羽仪原系四川军阀邓锡侯属下,于是上门求援,便获得了邓锡侯的支持,并于民国15年(1926年)1月25日得到许可,在成都城区先行开设公共汽车线路6条。得到许可后,华达公司迅速准备,一是火速招收30名初中毕业生学习汽车驾驶。二是策划6条公共汽车线路走向及相关事务。三是找到报纸对公共汽车搭客办法予以公布,并在民国15年1月26日的《国民公报》上刊载了成都市首部公共汽车搭客办法,其为"街市汽车搭客办法"。内容为:"华达公司已装完备三部车暂行开车营业,车子经过各条马路线,划分为若干站,每一

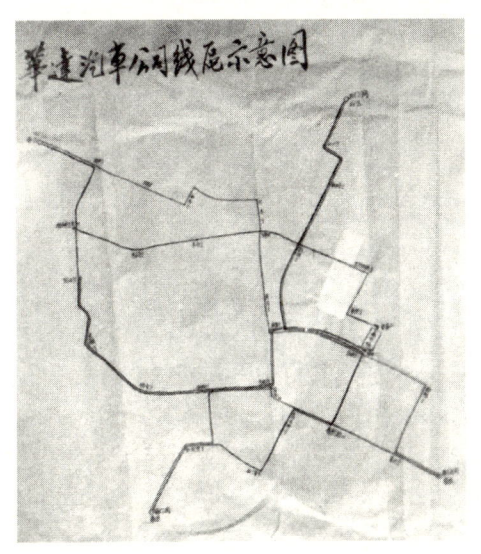

图 3-1

站口钉标记,载明经过街道,每一站取车费铜圆一百文,在车上卖票,车子每到站口,不论有人坐无人坐都要停一下,各区路线:东区由东门洞到西门洞,南区由南门洞到北门洞,西区由西门洞到东门洞,北区由北门洞到南门洞,中区由商业场前门到实业街口,又由商业场后门到槐树街东口。"(图3-1)

　　该公共汽车搭客办法虽为短文,但却是成都破天荒的事情,它已悄然暗示着,历史上的成都在那个时刻,终于有了城市化的一个明显特征,就是开始拥有了公共交通。无论开行规模的大小,它首次打破了只有个体出租交通的格局,那真的是一个城市的大事件。作家刘心武在20世纪80年代著书《都市咏叹调》,用事实诉说着城市公共汽车是一个城市的动脉。而成都这个首部"街市汽车搭客办法"的抛出,却在民国15年间。可见,成都人意识的超前。

　　华达公司的忙乎没有白费,真的是无心插柳般的,竟然成功开行了成都的第一家公共汽车,实现了成都公共交通的零突破(图3-2)。但华达公司开行公共汽车仅仅一个月后,招来旧势力强烈反对,也包括城区的黄包车商和车夫们,加之当时成都马路尚未具备开行公共汽车的有利条件,行车中时有事故发生,进而被成都当局取缔。这个"取缔",真是成都史上最大的遗憾。民国22年(1933年),重庆市政府颁布了《招商承办公共汽车条例》,并也成功开行了公共汽车线路,而华达公司开行公共汽车线路,却整整比重庆早了7年,我们不能不说,华达公司的不经意之间,也是如此的超前。据《国民公报》于民国15年3月30日第5版载:"改进川西马路:行驶城中之华达汽车,已

图 3-2

向成康马路局约定,将行驶成都至新津花桥场一段,不日即可开车。"就这样,华达公司创办公共汽车实现了两个零的突破,一个是第一个开行公共汽车线路,同时也是第一个把公共汽车退出成都。至今看来,安居成都的何羽仪和胡又新"纯属偶然"般地创办了成都的公共汽车,其实也有其必然性。

民国27年(1938年),就是华达公司退出成都公共汽车线路后的12年,四川公路交通委员会第四次常委会决定"成都公共汽车由公路局拨车试办",但此"试办"的进度如同蜗牛,直到民国30年(1941年)5月才有了眉目,拨有木炭车(图3-3)6辆,开设了成都四线公共联络车,以城中心忠烈祠为始发点,开行东线到沙河铺,南线到簇桥,西线至犀浦,北线至天回镇。

图3-3

该四线分段设站，随车售票。为何要把公共汽车开设成联络车呢？目的较单一，就是为了便于人口疏散，此时正是抗战时期，日机空袭频繁，城内机关及学校大都转移至城郊，市民也大量疏散到乡下，但仍有较多人员需要往返城乡。因此，省交委适实需求，开行了四条公共联络车线。一年后，省交委因车不足，仅保留了西线运行。

至此看来，省交委想办纯粹的公共汽车未成，却试办了防空公共联络车线。客观上讲，在那个特殊时期，把公共汽车办成公共联络车，也是必要的选择，也实现了公共汽车的一定功能，总算实现了当初"试办成都公共汽车"的决定。所以，在我们今天讲述和回顾成都公共汽车史话之时，这一时期也是不能忘怀的一段特殊历史。

其实，就在省交委的"试办成都公共汽车"决定施行之时，尚另有一家官商合资的股份公司也在筹备之中，这家公司就是成都公共汽车股份有限公司，其官方股份和商家股份，分别为百分之二十和百分之八十。商家股份的发起人是罗绍光，此人父亲是前川军师长罗泽洲，所以也是个见过世面的人物。民国27年（1938年）3月，罗绍光鉴于成都仍无公共汽车之因，邀约姚佑民、邓铭枢等人组建了成都公共汽车股份有限公司。由姚佑民、叶得明先后担任筹备处主任，并吸取华达公司开设公共汽车失败的教训，一面利用官方关系，力争社会各阶层支持，一面筹备开线车辆。当时正处于抗战时期，筹备工作格外艰难，硬是整整用去了四年时间，可谓马拉松式的筹备。由此可见，姚佑民、叶得明想办成都公共汽车，真的是信心坚定并看准了方向。

民国 31 年（1942 年）12 月初，筹备时间已长达四年之久的成都公共汽车股份有限公司终于挂牌营运了——开业时仅拥有木炭车 12 辆。为满足开线需求，后又力邀成都个体车主加入线路营运，使车辆最多时达到了 30 余辆。其营运线路两条，一条是东西线，由牛市口至茶店子；另一条是南北线，由武侯祠到驷马桥，并形成了营运线路十字骨架的出行走廊。开线的头一天，当时的成都大报《新中国日报》也予以了及时报道（图 3-4），其标题为"公共汽车定明日开始，直达茶店子"。由于线路规划合理，市民感到出行方便，初期预算也感有盈利，各方都认为初期营运效果良好。然而，成都这次公共汽车的"大好形势"还未有一个月，麻烦却接踵而来。

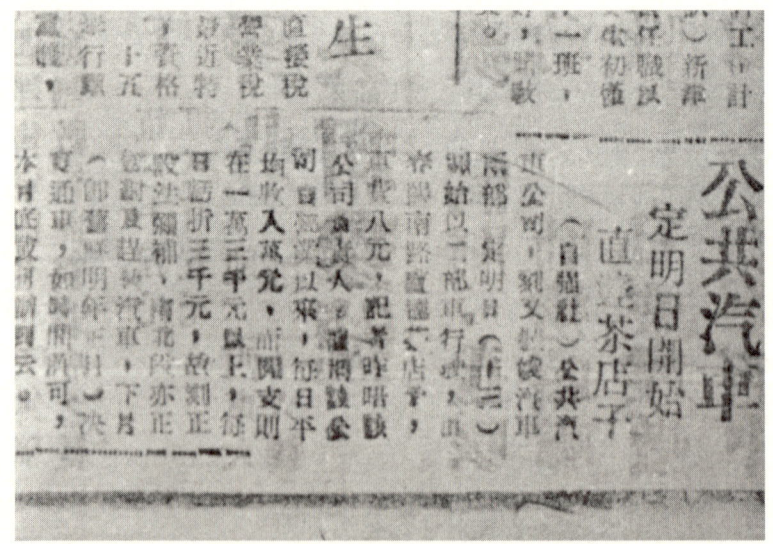

图 3-4

民国 31 年 12 月 31 日，成都市人力车业工商协进会主任李碧泉通过参议会，呈文省市政府，说成都已有几十家人力车商和数万车夫惊慌，提出了对本市公共汽车营业要进行四个方面的限制。起初，成都市政府不同意呈文说法，坚持公共汽车按原方案继续营业，但终迫于压力，出台了对城区公共汽车进行部分限制的"四项规定"。一是每线配车不得超过 12 辆营运车；二是市区内不设短站，拉长站距，给人力车留下生存空间；三是开行时间调整为午前 6 时及午后 9 时，不得提前和延后；四是每车载客不得超 30 人。该"四项规定"试行几天后，市政府有关机构来检查，认为前三条落实很好，但对最后一条，却指出施行不到位。其实，到今天为止，任何城市的公共汽车也没什么载客限制的具体方法。

时至民国 32 年（1943 年）5 月，在市政府"四项规定"的关照下，成都公共汽车开业初期的大好形势一去不返，加之使用木炭车抛锚多，使用效率不高，以及人力车业的反复干扰，营业收入大幅下滑，还有雪上加霜的物价高涨，汽车配件昂贵，公司亏损很快就达到了 300 万元法币，还未算上所欠的一大笔养路捐。到了民国 32 年 12 月 7 日，公司难以继日，呈文省市政府，获准暂时停业。

民国 36 年（1947 年）元月，停业近四年的成都公共汽车股份有限公司又重新组建，由且继佐牵头，吸纳新股东，并申请复业，最终得到时任省主席邓锡侯的"公共汽车恢复营业、行驶市区，准予备查"批复。以后，公司复业备有 7 辆汽油车，复开原来的东西干线，每车每日可营业里程约 160 千米，西线每日可载客达到2000余人次，但公司仍然是入不敷出，仅仅维持了半年而自告解体。

成都民国时期的公共汽车诞生和生存就是如此状况了，不管参与公共汽车创办的人，是有意为之还是无意，他们都是勇敢和具有创新精神的，敢于第一个吃螃蟹。但他们又是不幸的，他们开办的公司和他们的事业仅仅有了诞生那天，却没有成活下来。为什么呢？却也给我们后来人留下了许多思考。

成都在民国时期，第四次开办公共汽车的事，更是鲜为人知，因为它是雷声大雨点小，也没有留下什么实物，大部分事务仅仅停留在了纸上。

民国35年（1946年）7月，国民中央政府宣布实施新政，称"人力车乃过渡工具，奴役人力，现代化国家已属鲜见"。国民四川省政府立马跟进形势，并在川内《新中国日报》刊登新闻（图3-5），题名"建设市区新型交通——电车轨线三年内建成·人力车自本月起缩减"。公开宣布"三年禁绝"黄包车，发展公共汽车、电车先进交通工具。当时的《新中国日报》是川内大报，是民国27年（1938年）元月在汉口创刊，同年9月迁至成都并长期印刷发行，也很有新闻权威。此事，也可见省政府的决心也是很大的。

民国35年8月，四川省政府又正式签发了"禁止使用人力车案会议记录"，其内容和措施共有十条。第一条为："遵奉主席蒋禁止使用人力车之手令，本市自三十五年九月一日起分九期裁减，每期裁减四三〇车辆，每四个月为一期，三年内完成。"其最后一条为"筹划电车线路"。然而，到了民国38年

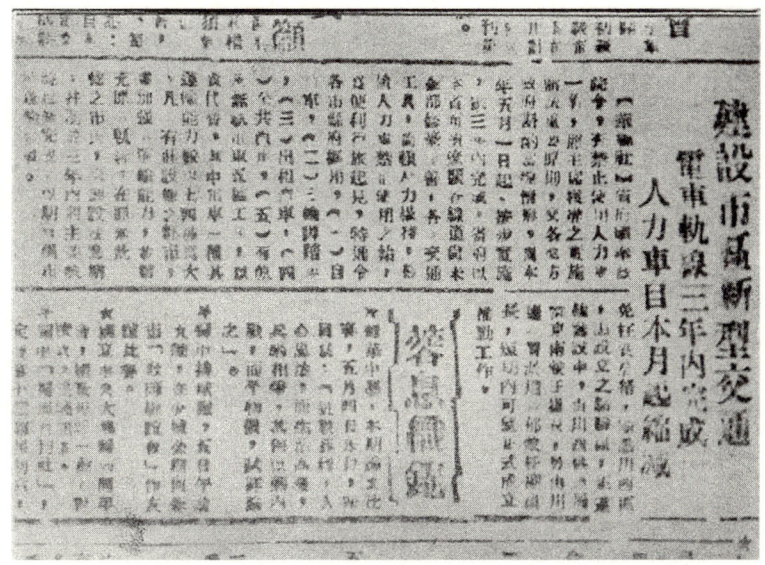

图 3-5

（1949年）5月统计上述工作时，真是开了个大玩笑，成都地区的黄包车数量竟然比实施新政前还多了700余辆，成都的电车线路呢，连个影子都没看见。该有的没有，该减的反而增加，所以才说，成都第四次开办公共交通是在纸上实施的，那件事仅仅成为当局的行政想法而已。按现在时兴说法，真叫"台上说得好，台下不了了"。

成都解放后刚一年，成都市政府就议定了要开行公共汽车线路。这次应该是成都史上第五次想开办公共汽车的事了，但对新成都来讲，应该是第一次。有幸的是，这次是由成都市人民政府主持筹建工作，并于1951年3月，由其批准成立了"成都市公共汽车筹备处"，归市建设局领导。该局公用科晋良玉被任命为筹备处经理，成员有薛举安、于雅贤等人。建设局给筹备处的创业条件是基本建设费26万元，还有价值11万元的万国牌等旧货车47辆，其中有20辆车已报废，给的重要任务就是必须在1952年上半年内完成第一批车辆改造，保障成都市公共汽车第一线开线之用（图3-6）。

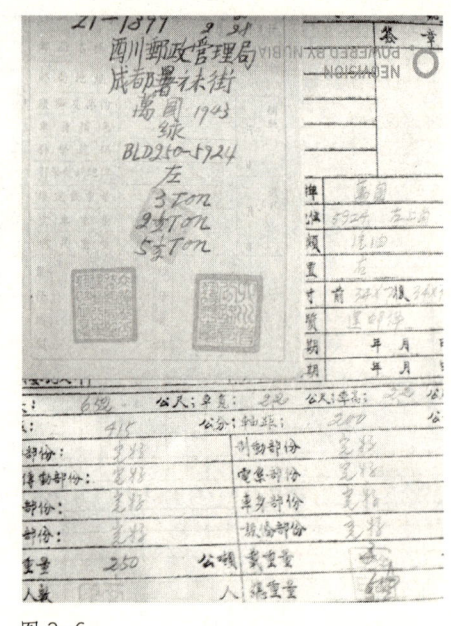

图 3-6

筹备处火速进入状态，工作大致分为两大部分，核心就是"招兵买马"。一是如何把47辆旧货车改造成全新的公共汽车；二是筹备和培训驾驶员、汽修工、售票员，以及公共汽车上线运行的基本流程、筹划等等工作。筹备处面临的所有事务都是从未干过的事务，一切都是从零开始。

1951年7月，筹备处"买马"事务有了进展，市政府从劳动局、粮食局、裕华纱厂调入一批驾驶员、修理工和行政人员，共七十余人，使筹备处猛然壮大了队伍。公司初步选址在草市街办公，基本原则是创业时过集体生活，没有床就睡地铺。1952年春天，筹备处划归成都市企业局领导，同时又得到了从烟厂、搬运公司调入及新招售票员150余名，并大面积开始岗前培训。

图 3-7

这时方方面面人马也基本筹齐，具备了开行公共汽车第一线的配员条件。前后来到筹备处的已有两百余人了，在他们连吃住都成问题的时候，却只有一颗同样的初心，就是要在他们手中，创造出新成都的公共汽车第一线。另一件筹备的大事就是车辆改造，改造出第一批16辆公共汽车（此事在前文《棉花街，民国汽修一条街》中已有详述，本文不再细载）。在这之前，成都共有四次呈现公共汽车，也只有这次是白手起家，靠旧式道奇货车改造而成，而在民国时期，先后三次使用的公共汽车，都是定购成型的美国福特客车底盘和木炭客车。可见，这批公共汽车的改造成功之重大意义。

1952年7月1日，成都市公共汽车公司正式成立并开行第一线。当时的《工商导报》等省市报纸分别以"新中国建设的一大胜

图 3-8

利"和"成都市公共汽车今日开业"为题头版报道。开业庆典设在市中区盐市口,主席台由三辆拆去厢板的货车拼搭而成。这天的盐市口街头巷尾打扫得干干净净,红旗迎风招展,人山人海,水泄不通。上午11时,市政府米建书副市长登台讲话并向群众宣布,成都市公共汽车公司正式成立了,成都公共汽车第一线正式开行了。立刻,台上台下,万众欢腾,鞭炮齐鸣,米建书副市长走下主席台正式为第一线公共汽车开线剪彩。接着,16辆全新的公共汽车陆续开往梁家巷,发出的第一辆"长头式"公共汽车悬挂着毛主席画像,车牌号是7*10855;第二辆公共汽车悬挂着朱总司令员画像,车牌号是7*10961。(图3-7、3-8、3-9、3-10)

　　新成都的第一线公共汽车诞生了!开线当天,无论在车上的驾驶员,还是车下站桩旁的售票员,他们又是什么样的心境呢?他们内心的激动与庄严交织在一起了,他们深知自己的责任和光荣使命。那时,公共汽车售票员不在车上售票,而是在车下,顶着风雨和骄阳是时有的事。售票是他们,问路的、问线路转乘的也是他们在回答,保障乘客先下后上的次序更是他们。这些,确是有些鲜为人知。但庆幸的是,驾驶员和售票员在开线前后,进行了成都公共汽车史上第一次的集体合影(图3-11),不然,哪能看到他们那已穿越时光60余年的耐读表情呢。在今天,开成都公共汽车的驾驶员早已有了数个世家,笔者曾采访了那当年驾驶员的孙辈,他们回答是:"我喜欢开公共汽车,我爸如此,我爷爷更如此。"

　　这时刻,新成都的市民们还第一次享受着一种新福利,那就是从第一线公共汽车开线当天至7月4日,全部免费乘车,公共汽车公司

图 3-9

图 3-10

图 3-11

也将此做法叫试营业,正式售票营业是1952年7月5日(图3-12)。

成都公共汽车开线也只有这次才一发而不可收,紧接着就是第二线和第三线……如今,成都的公共汽车线路仅在中心城区就已起过了300条,每天载客人次超过了500万。在成都,也只有这家当初名叫地方国营成都市公共汽车公司的才是幸运的,其生存期是那么悠长,已达到66个年头了。

一个城市的公共交通哟,真的是一个城市的镜子,时时刻刻映照着这个城市的人和他们的时代。

图 3-12

城里城外黄包车

在成都晚清和民国出租交通的"清明上河图"之中,黄包车是当之无愧的主角儿。这个主角儿还在经营过程中逐步形成了两支队伍,一支专门在城内揽客,叫其"街车";另一支在城外专跑长途,叫其"路车"。(图4-1)

要说成都的黄包车,就得先说下上海的黄包车,因为黄包车登陆中国,首先就是在清同治年间(1862—1874年)的大上海。

什么是黄包车?德国人类学家利普斯在《事物起源》中说:黄包车(人力车)是美国人的一项发明。100多年前,住横滨的基督教传教士果伯(Jonathan Goble)在一个日本木匠的帮助下设计了黄包车。精明的法国人米拉把它介绍到中国。清同治十三年(1874年),上海从日本引进了300辆黄包车,开办了最早的洋车行。

图4-1

在著名诗人、学者流沙河的《芙蓉秋梦》一书中有解说:"黄包车的官称,先是快轮车,后是人力车。市民不接受,仍叫黄包车……发明过程中,得到一日本木匠协助,所以读音有日语味,又名东洋车。"

在中共党史出版社出版的《上海出租汽车、人力车工人运动史》一书中这样描述:人力车是由人拉的双轮载客车。最早的人力车是从日本引进的,所以上海人初称它为"东洋车"。后来帝国主义租界规定,人力车车身都要涂上黄漆或桐油,于是又称"黄包车"。

所以说,仅是黄包车的名字就有一堆,但都没有跑题,从它的引进来源上讲叫"东洋车""洋车";从它车辆结构和行驶速度上讲,它叫"两轮车""快轮车";从它的色彩和形态上讲,它叫"黄包车"。如果按地方区域称,北京、哈尔滨称之"东洋车",而天津又称"胶皮车",广州称"车仔",

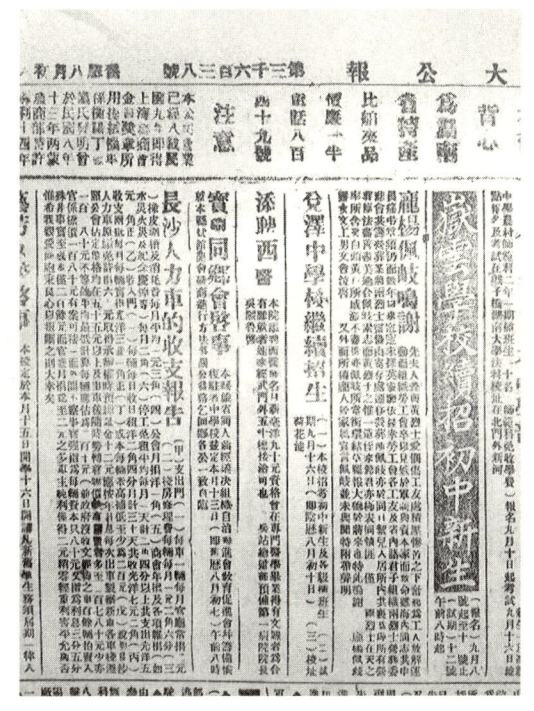

图 4-2

上海、成都叫"黄包车"。还有一种鲜为人知的初称，叫"手拉车"。随着时间推移，该车逐步从上海发展到内陆城市运行，大家的称呼较多的还是"黄包车"或"人力车"，特别在官方监制的营运发票和收据上，一律称之为"人力车"。

其实，在黄包车初始从上海登陆以来，官方大都称之为"人力车"，尤其官方在报纸新闻发布行规政策等文稿中都是如此。在民国15年（1926年）9月3日《大公报》上的人力车新闻稿的发布（图4-2），进一步说明，人力车是官方称谓。

上海第一家人力车公司是法商开办的。1873年春，法国人米拉（MENARD）从日本来到上海。当年6月初，他向法国租界公董局申请"手拉车"专利10年的方案。法公董局与英、美租界工商局商定，允准发照，但否定专利。1874年3月24日，米拉优先获得公董局所发照会12张，准许经营人力车300辆，于是米拉很顺利地开设了上海租界市政当局承认的首家人力车公司。（图4-3）

自米拉的人力车投入营业后，由于车资不贵，乘坐方便，上

图 4-3

海商人和旅行人员及当地居民乐于乘坐，而车租更是诱人，每辆人力车一日的车租，竟相当于车辆购置价格的三十分之一。如此暴利，诱使投资者竞相设立人力车公司。到1875年，在上海租界内，就有10个外商开设了10家人力车公司或车行，拥有人力车超过1000辆。继后，上海华界也着手创立了人力车公司和车行。到1933年，上海市公用局对人力车的捐照数也做了限制，规定华界和租界人力车捐照限额为23375辆，但实际上远远超出。1934年上海社会局也做了《上海市人力车夫生活状况调查报告书、本市人力车夫估计表》，车工已有78630名，到1936年，捐照人力车总数为31151辆。由此可见，上海人力车发展迅猛，市场良好。

　　成都的黄包车何时起源？据《成都通览》记载，黄包车在清光绪25年（1899年）前后即有。当时是四川省商务总局决定成立快轮车务公司，把这种新式的城市出租交通工具引入成都，并由宋云岩太史负责筹划。同年2月，在成都仿照日本的人力车生产了几十辆，并在青羊宫花会期间由老南门至青羊宫的城墙外的道路上试运行。当时市民反映良好，时至5月，商务总局决定集股成立车务公司，在当时出版的《蜀学报》刊登该公司咨文和公司章程。咨文说，公司应积极选备工料，造成数批以后，"拟交轿行及车夫承领。乘车者价廉，挽车者力省。车有篷帘，妇女乘之亦觉完整"。如此咨文说明，就是道明黄包车的各方好处，真是煞费苦心！

　　因为当时成都轿子盛行，统领市场，话语权又大，这样咨文实施，可缓解矛盾，便于黄包车运行。但事与愿违，轿行强烈反对使得黄包车入市被官府禁止。

时至光绪32年（1906年），成都著名维新派学者傅崇矩在福德街创办"工业馆"，雇工百余人，制作了黄包车几百辆，尚属老成都最早批量生产的新式车辆。这批黄包车虽然是铁皮裹着木轮，不是充气轮胎，车下也没有弹簧减震，依然不失为当时的先进交通工具，所以受到市民欢迎。但官方仍然限制进入城区，只能沿城墙边走环行道。支持黄包车入市的商务局总办沈乃扎委托傅崇矩办黄包车，发出官本银两，先后从上海购回黄包车20余辆，由老南门直达青羊宫营运，每乘坐一次收铜圆4枚，游人争坐。如此看来，当时官方遇事总好"堵之"，但能"堵"而了"之"吗？

清宣统元年（1909年），由于劝业道周善培大力提倡实行新政，支持黄包车入城运客，禁令逐被冲破。同年，劝业局在安乐寺（今红旗商场处）设厂造车，并由富商雷俊章成立车行，承揽全部新造的黄包车，此时也正遇成都已有部分街道许可黄包车营运，所以雷俊章承揽的黄包车很快就被车夫租用一空。车夫上街营运并首次实行了统一着装，其车起步价每回二十文。这以后，成都的黄包车迅速增多，质量与设施愈来愈好。民国13年（1924年），城区街道开始分期拓宽，路面有所改善，更加便利了黄包车通行。当年，成都利通橡轮人力车公司获准了专利开办了黄包车营运，公司设址城内走马街。开业次年，利通公司的车辆数就达到了980辆，但市场仍然供不应求。该公司已是理所当然的财大气粗，其本质当然是获利，每年仅车租收入就达三万五千多元。到了民国14年（1925年），成都又有元通等六家橡轮人力车公司获准黄包车营运许可。此刻，成都的人力车已拥有1040辆，而

管理当局成都市政公所逐步发放了车辆牌照和车夫执照，进行了所谓的规范管理、征收车捐、规定街价。规定营业车每车每月交纳车捐3角，才可由市公所发给牌照和车夫执照。其规定的黄包车街价也颇有趣味，一是，车价三条街以内取铜圆一百五十文；二是，每过一条街加钱三十文；三是，每候车过半点钟加钱二百文；四是，夜间八点钟后准加车价三成；五是，街道过长如东御街、西御街、总府街等作两条街计算，上中下东大街作三条街计算；六是，如遇雨天准加车价二成，不得额外索要。

这时候，最有生存危机和压力的就是城里的"街轿"了，所以，已有部分轿夫改作黄包车夫，既感拉车比抬轿省力，又觉黄包车生意明显比轿子好得多。时至民国15年（1926年），成都的黄包车爆棚，仿佛一夜之间，又有40余家人力车公司获准入市，他们大举投资，新购置黄包车达到2510辆。当年底，成都市政公所再次验证验车时，人力车行和公司已有54家，累计车辆达到4531辆。此时的黄包车已经成为市民们在大街小巷"打的"主力军了，"风起云涌，遍布本市"，就是当时市民的一句戏说之语。

成都的黄包车，终于扮演着成都的"风光的士"。再一算时间，从1898年第一辆黄包车登陆成都以来，它已苦苦争斗了快30年，曾经被轿行轿夫们围追堵截，官府禁行的黄包车，陡然来了个一百八十度大调头，暴风骤雨般地把"街轿"挤出了市场。这不到30年的成都出租交通的演变，或许就是我们所常说的客观规律吧。

成都黄包车发展高峰期是在抗战时期。抗战爆发后，沿海区许多机关、大学迁来成都，一时人口骤增，刺激黄包车再度发

图 4-4

展，人力车公司迅速达到221家，车辆增至6000余辆，车夫达到1.3万人。在这期间，车用胶胎和配件来源阻断，但成都人聪明好学，创新采用汽车轮胎割制成胶条，代替气胎，这就是当时人们称之的"板带车"，它的防震性能较差，乘坐价格比"气带车"要低。同时车夫们还自己动手制造配件，解决难题，使黄包车业得以继续向前发展。到民国34年（1945年），成都已有车行700余家，车11260辆，黄包车夫近3万人。看来日本的飞机和炸弹也未吓住成都人，更未阻碍成都黄包车业的发展。而成都的黄包车夫同成都的市民一样，还毅然从自己薄薄的口袋掏出钱来，捐作抗战经费（图4-4）。

同时，国民政府对交通管理政策的提出，除推进了公路和汽车运输业发展外，也有利了人力车、畜力车的顺利有效生存，最典型的事件就是于1932年成立了全国经济委员会公路处及五省市交通委员会。溯自1931年九一八事变爆发，民族危机日益深重，保卫国土、发展交通事业成了当务之急。当局于1931年决定在全国经济委员会筹备处内设道路股，作为中央主持兴筑公路及其有关车辆运输与交通管理事业的机构。在道路股成立后，鉴于东南各省原有公路各自规划，冲破各地不必要的各自为政的限制，以达到公路建设联网及相互通行，有利开展车辆运输事业，则有赖于交通管理工作一元化，并制定有全国一致遵守的规章制度来实施。

全国经济委员会道路股为了发挥地方力量和作用发出了倡议：毗邻首都南京市的苏、浙、皖三省与上海市，于1932年12月17日组建苏浙皖京沪五省市交通委员会并举行第一次常委会，该道路股同时改组为公路处。事后，该委员会自1932年到1935年共召开常委会十几次，先后制定了有关交通管理监理必须五省市一致遵守的规章制度，典型的有《互通汽车章程》，彻底打破了原有的"各自为政"；其中，也出台了首部人力车的管理办法，即《人力畜力车辆通行公路管理通则》。可以说，这是第一部指导全国的人力车的管理办法。1934年12月，该委员会制定的一系列管理办法由国民政府内政部公布为《陆上交通管理规则》，内容包括了汽车、电车、人力车、脚踏车，及机器脚踏车、马车等，成为全国统一实施的交通规则之模版。

当时的成都人力车业，就是在上述两个内因与外因之和的作用下理所当然地迅速发展着。这时说黄包车已是成都的"风光的士"，已毋庸置疑了。

那时，黄包车的经营模式大都是车行是车辆的所有权者，而黄包车夫是典型的无产者，他们是城里城外的苦力人群，为了生存，他们得找铺保、交押金、托人情，向车行租车上街揽客，其全天收入的大部分要向车行交租金。当时租金很高，新车的租金高达全天收入的70%，旧车也要50%，而刚刚诞生不久的脚踏三轮车高达80%，如遇天下雨而收入减少，但租金却不得少。好在当时成都因抗战人口骤增，所以还能揽到客人，车夫们是硬着头皮也要拉车，以保一家人糊口生活。

物极必反，大量黄包车的面市，也带来了市场压力。再加之20世纪30年代中期成都相继建成周边区县公路，黄包车的行驶范围逐渐扩至郊县，于是从城区黄包车中又分离出一股专跑长途的队伍，这支长途黄包车，大家当时叫它为"路车"。据说，最快的"路

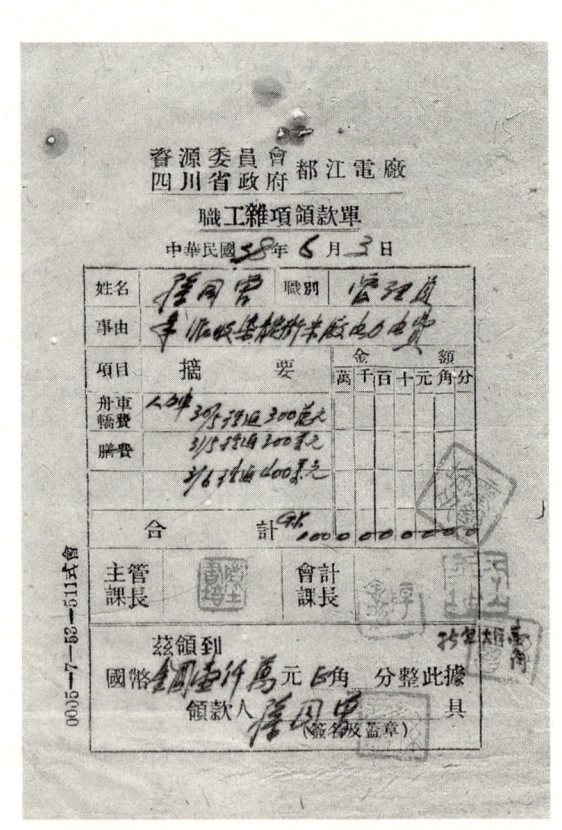

图 4-5

车"车夫，一天可达成都两百里之遥的绵阳。蓉城的士文化博物馆就收藏着一份国民四川省政府都江电厂的一人力车报销凭证（图4-5），从凭证中可清楚看到，该厂管理员于中华民国38年6月期间，先后三次往返都江堰到成都市区染靛街，共支付车费1000万元。这足以说明当时的"路车"奔跑能力超强。

据民国26年（1937年）四川公路局的验车登记，全省已有长途黄包车6303辆，其中成都就拥有2546辆，它们也分别同其他城市的长途黄包车一道，日夜奔跑在川康线、川陕线、川滇线、川鄂线，以及成灌线等地，被当时成都市民赐给了一个响亮的名字，叫"飞车队"。在抗战期间，成都周边的郫县、新都、新津等县市常见"飞车队"的身影，收费也公道合理，并赢得了市场。（图4-6）如遇到米市买卖活跃，有的投机商贩迅速出现，利用城乡之间大米行价的潮涨潮落做起了粮食的买空卖空。此刻，这些商贩就立马想到了"飞车队"，甚至高出平时的三倍价格，吸引并招雇其拉大米于城乡之间，并附加了到货时间，如逾期不达，则要扣除加价。这就充分显示出成都"飞车队"的超强奔跑能力。

成都黄包车的"飞车队"奔跑速度之快，但绝对不可以因为速度而跑错了路，更不会把大米直接拉入成都城区内，因为那是街车的地盘，除非是车夫不想活命了，"飞车队"仅仅是跑到城外米市就到点了。或许有人迷惑，大米不入城，市民如何购米。其实，当时的商品交易市场都在城外，城里才叫"城"，城外才有"市"。在今天人们的意识中，城市是一个统一的概念，但在中国古时，"城"与"市"是分离的。城者，都城，宫城池；市者，

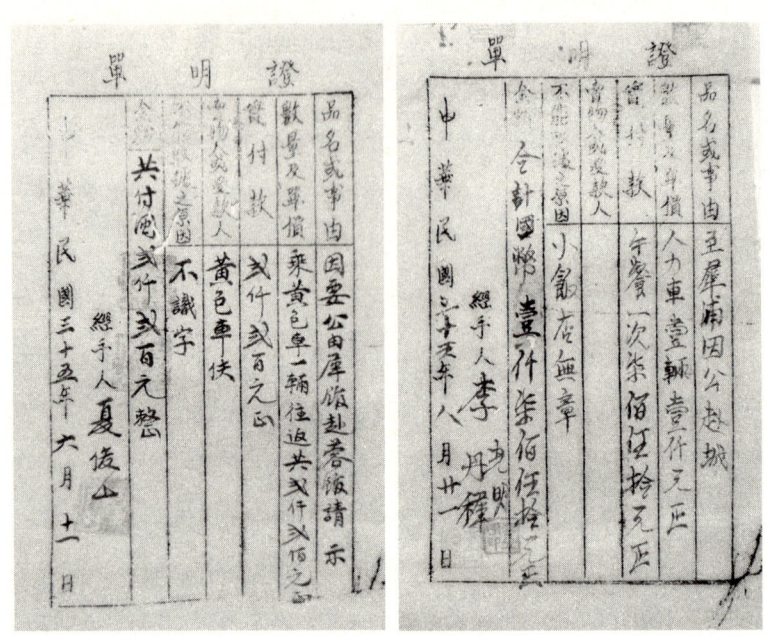

图 4-6　　　　　　　　　　　　　　　　　　　　唐丽娟　供图

买卖，市场也，它设置于城之外，为"城"服务的街市，以及商品交换的集市，是古城的附属部分。后来，随着生产力和商品经济的发展，物质不断丰富，"市"的部分不断扩张壮大，那种附属性却演变成了城的重要组成部分。所以，现代社会才是"城"与"市"合在一起的，才叫"城市"。所以说，当时的黄包车的"飞车队"是不会轻易地"飞"入城里的。

既然成都有"街车"与"路车"之分，不可避免，两支队伍为客源就有纷争，有时还有大打出手的现象。为预防恶性纷争，民国26年（1937年），警察局会同公路局测定了两支队伍的各自经营区域，以及客流交换处，那就是成都四个城门车站，各自

不得越界行驶，这就相当于今天城区交通与长途交通的枢纽站的模式。在两局的测定后，成都东、南、西、北各口，又相继成立了长途车商会，维护长途黄包车夫利益。其实，街车公司也怕车辆被拐逃盗卖，也不愿自己的车辆出远门。于是街车也设有稽查点，实行盘查，一旦发现路车，即采取放轮胎气、割带等予以制止。你来我往，长途黄包车商也组织人员阻止越界街车，轻者撬掉牌照、割车带，重者没收车辆。

后来，成都城区的"街车"还成立了工会组织，但这个工会跟1949年后成都成立的人力车工会是不同的，它叫"成都市人力车业职业工会"。蓉城的士文化博物馆就收藏有其工会的一张"拾壹月份"的"识别证"（图4-7），其证极为少见，品相良好。参加了工会的车主须每月购买"识别证"，很像今天的会费一般，并能获得其保护。在"街车"与"路车"相互矛盾之时，有其工会组织，

图4-7

无疑是"街车"想靠城区道路方便和消息畅快之优势，显示一种压制"路车"的"强势组织"罢了。

城区黄包车与长途黄包车虽有了"测定"的防线，其实，让他们共同头痛的还不是对方的侵犯，而是势力的压迫。早在民

国24年（1935年），四川公路管理局就在长途黄包车常跑的几条热线上设置了公路管理处，对车夫大肆征收车捐。从成都到广汉，区区百里的路段，就有三处收捐点，出城的驷马桥收捐，到新都再次收捐，到了广汉城还得收捐，车夫往返一次，共被收捐六次。把持地方的封建势力，才是让车夫最为害怕的。躲在城内的黄包车以为安全，其实也未躲掉被车行老板盘剥的命运。大凡遇到银圆与铜板的兑换比值波动时，车行老板往往就调整收租方式，铜板如跳价之时，车行就收租银圆，而车夫挣钱收费则为铜板，则需用铜板去兑换银圆上缴，车夫收益实则减少。当铜板涨价时，车行又要求按银圆比值收取铜板，就是这"一收一付"，车夫是两头吃亏。

民国37年（1948年），国民政府发行金圆券以代替崩溃的法币，但金圆券一出世就一路贬值，物价暴涨。这时，成都的有些人力车行为了车值和利润，便纷纷一改过去收取租金的办法，搞了所谓的"易货贸易"，就是不收租金收实物。在收取大米、棉纱之类物品时，且要求提前一个月预收，否则收回黄包车。弱势的车夫们只得四处借钱，先买下足够的实物上缴车租。好一个"易货贸易"，不损利益的是车行老板，而车夫们挣到手的币资呢，却在天天贬值。

抗战胜利后，国民政府还都南京，内迁工厂、机关团体纷纷迁回原籍地，尤其过去消费较多的大学，如金陵女子理工学院、齐鲁大学、光华大学、燕京大学、清华大学航空研究所等高等学府，还包括文化团体也随之迁走离开成都。可想而知，成都仿佛一下子被抛弃了。工商业界一落千丈，大批手工业破产，为抗战

古價單

上部全漆餙 下部全鍍電坭 摸圓壹對卅 摸新市灯一
對卅 又方 漆腳花一對卅 摸筒头乙个卅 摸銅錢陸根炷説每根卻
摸棚桿乙根炷 摸陰丹布半疋炷 摸子簪乙隻卅 銅珠四十
個炷 外漆鏍丁在内 換脚蓺一 卅六付鍍寸条乙付卅鍍筒
头乙付炷

共合洋 式拾伍萬元正

卅六年三月廿五日長順上街一四〇号 条

服务的工厂企业生产缩减，黄金盛世的黄包车也同样由抗战时期的高峰，一下子跌入深谷，大批黄包车夫无客可揽，失业狂增。在抗战期因大量增长的黄包车所运营而生的二百多家黄包车维修小厂也逃不了颓运。曾经一板一眼，学着规范服务的小工厂，更是关门大吉。（图4-8）可谓"大形势定了乾坤，小气候无可奈何"，老成都的"街车"与"路车"之争，当然是愈演愈烈了。

民国35年（1946年），国民四川省政府正式签发了"禁止使用人力车案会议记录"。其内容共有十条："一是遵奉主席蒋禁止使用人力车之手令，本市自三十五年九月一日起分九期裁减，每期裁减四三〇辆，每四个月为一期，三年内完成；二是本市人力车不论自用或营业，自即日起内不得增加并不准生产；三是每期应减车辆以各车主原有车数比例裁减为原则；四是自即日起凡牌照遗失或号牌字迹不明者概不补发；五是三十六年一月一日总检验时换发牌照以后每六个月检验一次，每次检验到换发新牌照，以资区别；六是关于人力车夫安置就业问题，由社会局主持，依照社会部制定各省市人力车夫安置就业办理，要会同有关单位组织委员会负责计划实施；七是为彻底执行政令，计川字号牌人力车之行驶地段由四川省政府府函通令各站，自三十五年九月起不得驶入市界以内；八是在裁减人力车第一期开始实行时，凡市内可以行驶汽车之道路尽量增设公共汽车行驶路线；九是代替人力车之交通工具如脚踏三轮车、三轮机器脚踏车，及出租汽车等尽量提倡应由本市现有营业之人力车的车主及车夫优先经营之，惟脚踏三轮车上坡困难下坡危险应限于平坦地区内行驶；十是筹划电车线路。"此案的十条实施办法确实关系方方面面，倒

也实在，但却仅仅是落在纸面上，根本没有落实。因为三年有效期的实施办法，在民国38年（1949年）5月统计时，成都地区仍有黄包车9027辆，比新闻宣布新政和下禁令时还多出了700余辆。可谓"三年禁绝新闻炒，三年已过车更多"。这个三年的结果，对国民省政府的禁令政策，开了个大玩笑。

中华人民共和国成立后，忽有一天飞谣言，说什么"解放军不准人坐黄包车"。当时国民党只留下了烂摊子成都，官僚资本、地主阶级等逃跑了，本来成都就是一个典型的为其服务的消费城市，大批黄包车等服务行业人员失业，无以为生，国民党暗留的特务借机打造谣言，所以出现了数千车夫到军管会请愿的情况。贺老总知道后，回击精到，要解放军穿着军装去坐黄包车，让大家看看。谣言不攻自破。

1950年1月8日，成都市军管会召开工商界人士座谈会，宣讲"约法八章"和"发展生产、繁荣经济"的工作总方针，以及"公私兼顾、劳资两利、城乡互动、内外交流"的经济政策。并尽力维护黄包车、酒店、饭店等服务性行业稳定，以保持他们生活来源；同时又实行"以工代赈"办法，组织黄包车夫、建筑工人等行业的失业人员16500多名，参加淘浚金河、御河、府河等工程，还参加为机关、部队加工服装、蚊帐等临时工作，共得工资折合大米1975330市斤。此施政大大缓解了城市失业压力和生活困境，安定了社会秩序。

1950年1月，西南区公路管理局由首任局长穰明德签发了将于2月1日起实施的公告，其公告内容为："本局奉令成立，以往各公路机关原订客货运价、汽车牌照执照费，及养路费、过渡费等亟应从新厘定,兹由本局统一厘定各项费率,并定自本年二月一日起实行。特此公告。"(图4-9)公告的附表三,即"养路费、过渡费率"中已正式明确了人力手车养路费为每车公里二元。这个西南区公路局的交通运输管理办法出台,也进一步稳定

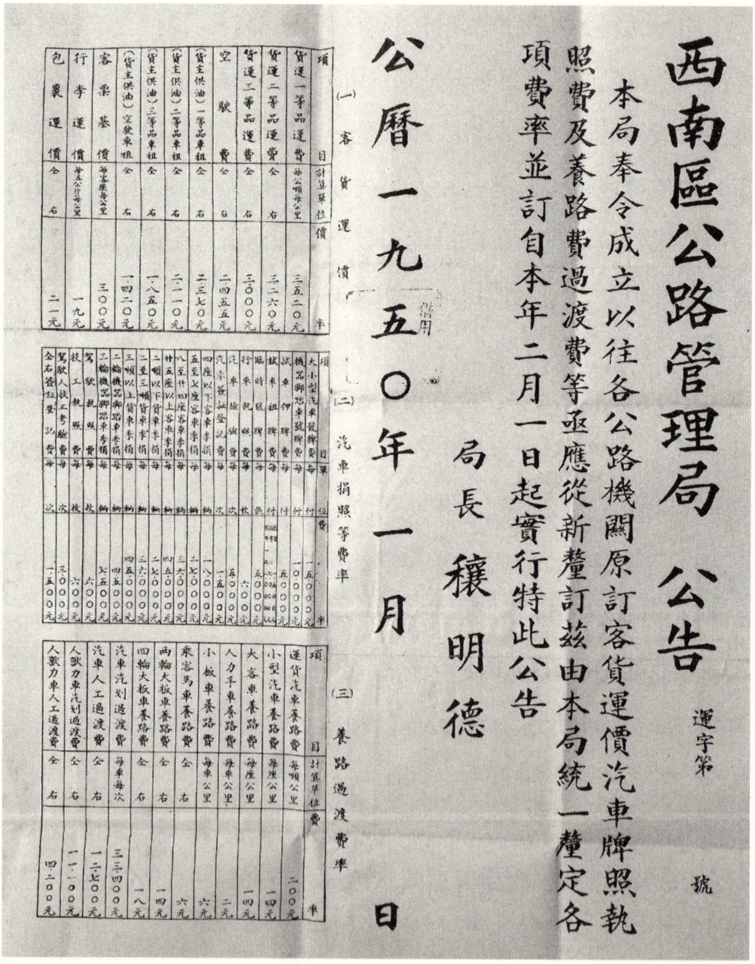

图 4-9

了黄包车夫的人心。

　　同年8月，成都市总工会（筹）出面召集"街车"和"路车"代表、有关单位开会协调寻找到了双方认同的办法，彻底解决了他们之间持续近20年的"势力范围"之争。同时期，成都市总工会（筹）又指导黄包车行业成立了成都人力车工会筹备委员会。该委员会是一边筹备一边开展行业工作，当年组织起来的车夫就达到19153人，占成都车夫总数的百分之六十三。1951年，该委员会并入成都市搬运公司，其成都周边县市人力车工会也一同并入当地搬运公司，其正式工会全称为"中国搬运工会成都市人力车委员会"。

　　这时的人力车工会职能就更加突出，按当时落实下来的政策就叫"为建立革命秩序，维护城乡交通，按照劳资两利政策，车夫向车行交纳租金按营收的百分之十二提取，作为车行营业开支和车主利润"。一看此数据，明眼人就知道，成都的黄包车夫被极大解放了，成都民国时期的车租，一般都超过了百分之五十。成都市人力车委员会除了一手抓政策落实外，一手还抓车夫的行业学习和培训，以使他们尽快适应成都刚解放后的服务理念和服务技能。当时对每位参加学习的黄包车工人都发有"工人学习证"，其证根据黄包车工人的住区，由中国搬运工会成都市东、西、南、北区人力车委员会监制颁发，正面有学员姓名、有编号，背面有该工人的家庭地址等信息（图4-10）。这张极富20世纪中叶特色的缝纫胸配式学习证所代表的信息是有限的，但它也是无限的。

　　2017年仲夏，笔者机缘巧合且戏剧般地找到了当时佩戴人

 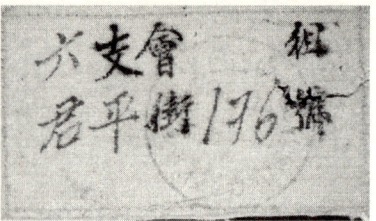

图 4-10

吉兆麒的侄女吉巧珍女士,并采访到了鲜为人知的故事。在 1950 年,吉兆麒有三姊妹,他是大哥,1921 年生,二弟吉兆俊,还有一个妹妹。其父是个文化人,还在住家的君平街教过私塾并爱好研究易经,一家人为人谦和低调。吉兆麒当黄包车夫前,也曾当过黄龙溪的水上警察。众所周知,当时的黄龙溪是成都典型的水码头,是大量的出川入川的物资云集之处,所以水道码头十分繁忙,且时有水道堵塞之事,十分类似今天的城市道路堵塞一般。吉兆麒当上水道警察,常以疏通水路为责,也可见工作之重要性。民国末年,吉兆麒带其弟,双双转行加入了人力车业找口饭吃。这之前,其弟吉兆俊也有谋职,在成都西御街开了间印章刻制小铺,也因民国末期经济不景气而做了人力车夫。成都解放后,吉兆麒加入了中国搬运工会成都市南区人力车委员会,成了工会会员的他,积极参加了组织开办的工人学习班。由于学习积极,思想进步,很快就被政府安排到了当时的成阿公路局,当起了新中国的筑路工人,同时也从君平街 176 号搬家,到成都八里庄凉山州驻成都办住家去了。

那时,成都市人力车行业工会对黄包车的人文关怀也是做到了家。1951 年 8 月 5 日这天,中国搬运工会成都市北区人力车委员会向成都市劳动局失业介绍所提交了一份正式报告(图 4-11)。

其唯一内容就是请求为已失业一月有余的黄包车夫魏绍成安排参加学习，并介绍新工作。同时还在报告中附加说明，魏绍成是于1947年成为黄包车夫，以示失业介绍予以重视。总之，当时把黄包车业的民主改革和工人培训搞得有声有色，个个都是新中国的新主人。

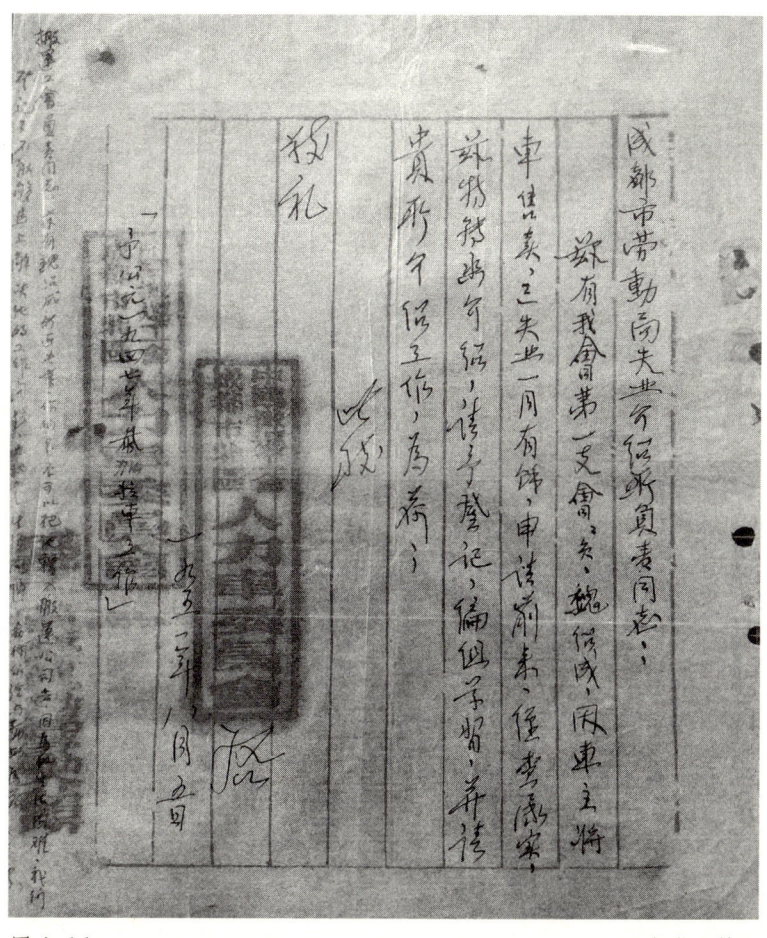

图 4-11　　　　　　　　　　　　　　　　　王大明　供图

民国，成都善用『木炭车』

成都民国的木炭车先在货车和长途班线客车使用，由于煤气发生器装置笨重，而无法在乘人小汽车上使用，但后来，成都还发展到在城区内做公共汽车，甚至还制造出"YTE"煤气炉用于木炭车。这就说明在民国时期成都就善用木炭车了，而且在使用技术和操作规范上也日益成熟。

所谓"木炭车"，也叫煤气车，就是在普通汽车上加装添增各种设备，其中最主要的设备是木炭瓦斯机，使木炭发生煤气，以代替汽油而推动发动机运转。木炭车最早是在20世纪20年代由法国率先研制成功，随后，我国也加紧研制，并有数家工厂可制造出木炭瓦斯机，装配出部分汽车进行客货车试验使用。此时，郑州的留法学生汤仲明毕业回国，正好带回了法国木炭车的相关技术和资料，并积极投身于木炭车技术的推广。尤其对陕西、湖南等地的木炭车的研制和使用，起到了有力的推动作用，并遥遥领先于其他省市地区。那时，四川在木炭车的研制和使用上明显处于落后阶段。

民国22年（1933年），陕西、湖南两省使用木炭车的效果更加突显，成渝路政局闻此消息，更是迫不及待地派员前往订购成品木炭车，其中想法有三：一可有力抵制外货，二可节省汽油，三可与四川环境和自然资源相适——四川当时的木炭资源十分丰富。但遗憾的是，派员空手而归，湖南、陕西方面根本无车可卖。当时的木炭车也是供不应求。但也有幸运，那就是四川路政当局强化了对木炭车的认识，包括承认四川木炭车的研制和使用的落后状态。

图 5-1　　　　　　　　　　　　　　　　综合档案馆　供图

民国26年（1937年），抗战爆发，是年9月，重庆行营通令统制汽油，决定重庆、成都分别自10月1日和10月15日起，立即办理汽油供给登记制。四川公路局当时的所有车辆均系汽油汽车，每月汽油消耗量在3万加仑以上，而汽油的配给量是明显不足，所以无论重庆还是成都，路政当局都是异常紧张，看来使用木炭车已是迫在眉睫了。

当即，四川公路局一方面向上海定购50辆成品木炭车，另一方面调拨50辆美制福特汽油汽车，并定购华通公司的煤气发生器，交由四川煤气机服务公司改装成木炭车。民国26年来，成都的木炭车已率先在货车和长途客车班线上使用，后来更甚，在成都城区内的公共汽车也在使用木炭车了。（图5-1）

民国28年（1939年）10月，川桂公路运输局开始在南川试用木炭和纯酒精代替汽油技术，其试用结果测试，木炭车每公里耗木炭2.2磅，时速可达45公里，纯酒精车每加仑可行驶7公里多，时速也可达45公里。当年12月，军委会下令以木炭车全面代替汽油，四川公路局迅速在成都大力研制木炭车，并设计改进和制造出"YTE"式煤气炉，并在成都至龙泉驿石经寺一带试车，车速竟然比湖南的木炭车还要好，达到了时速48公里。试车的成功，极大地鼓励了四川公路局，并当即决定再次追加60辆小道奇新车改装成木炭车，开行成渝客车快线。开行的成渝客车为直达车，每天有8辆木炭车在两地往返运行，每月行驶里程达到3.5万公里，很是受成渝两地居民的欢迎。在成都试验成功的木炭车比纯酒精车的成本还要低，尤其是在短途车运输上优势更加突出。后来在成都就形成了长途车使用酒精车，而短途客货车则全面使用木炭车。据民国30年（1941年）的官方统计，川内的木炭

图5-2

车当年行驶了45万多公里，酒精车行驶130万公里。由于酒精车多用于长途，所以行驶里程会更加多些。这年之后，成都更是善用木炭车和酒精车了，分别又开设到乐山、眉山以及西康雅安等地的中短客运班线，开辟了一个汽车不用汽油的客运班线时代。（图5-2）

其实，早在民国26年（1937年），就如何找到汽油替代燃料，四川路政也曾积极尝试过，在外省市寻购成品木炭车之际，同时以酒精替代汽油已有了实质性试验并有收效。民国26年10月，国民四川省政府专门派出两位委员，督理四川公路局的酒精替代汽油的试验项目，并亲自参加了在龙泉驿开展的专项试车。当时的试车车辆是省府秘书处的1辆8缸福特汽车，加注酒精5加仑，从成都东大街出东门，直抵龙泉驿山顶鸦雀口，经沿途各种路段试验，其试车用酒精与汽油无差异，试验是相当成功，省府两位委员极为满意，表示支持兴办酒精厂。次年，国民四川省政府果然与全国经委会，在四川内江联合兴办了酒精厂，对四川抗战时的长途汽车的燃料供给起到了重要保障。

成都在抗战时期幸有木炭车和酒精车，才保障了川内和出川交通运输能力的发挥。四川公路局在民国28年（1939年）6月所颁布的《租用商车付租费办法》中，也有专门针对木炭车和酒精车的支付办法。在民国27年（1938年），四川公路局的车辆全部调赴前线担任军需运输，川内交通班线车辆严重不足，故才全面租用民营商车维持，所以才有了《租用商车付租费办法》。其中有规定："汽油车按三七分成，木炭车按对半或四六分成。"半年后，调整到汽油车按70%，木炭车按55%付租费。时至民国32年（1943年），再次调整为酒精车以85%归车主，木炭车以79%归车主。仅看该办法的多次调整，就可感成都的龙泉驿，真是抗战时期急用的木炭车和酒精车的福地，当时四川路政确实也对此给予了特别的政策体现。

倘若来一次联想，民国28年，成都造"YTE"木炭车于龙泉驿石经寺试车成功。殊不知半个多世纪后，那个木炭车和酒精车的试车点，竟然耸立出一座汽车产业城，而且，汽车年产量远远超过了百万之巨。成都这个地方生出来木炭车和酒精车，与成都龙泉汽车产业城有关联吗？是一种偶然，还是一种必然，确实考量着后来人的猜想。

民国30年（1941年）5月，四川交通委员会调拨6辆木炭车，首次在成都城区内使用木炭车，并开设了4条防空公共联络车线，以城中心忠烈祠为始发点，开行东线至沙河铺，南线至簇桥，西线至犀浦，北线至天回镇。民国31年（1942年）12月，筹备时间已达4年之久的成都公共汽车股份有限公司正式挂牌营业了，该公司也是务实地选择了12辆木炭车作为公共汽车线路使用，开线两条，东西线是牛市口至茶店子，南北线是武侯祠至驷马桥。由于两条线路规划和走向合理，乘客也较多，所以该公司在营运中又力邀成都的个体户车主，自带木炭车加入线路营运。两线营运的木炭车最多时达到30余辆。这足以证明，成都在城区内使用木炭车是成功和安全的。西安曾是木炭车的发源地，就在成都公共汽车成功试用了木炭车之际，西安媒体发表文章，称"成都的木炭车"为"令人惊喜的冷门"。这也更加说明了使用和研制木炭车，成都人后来居上了。（图5-3）

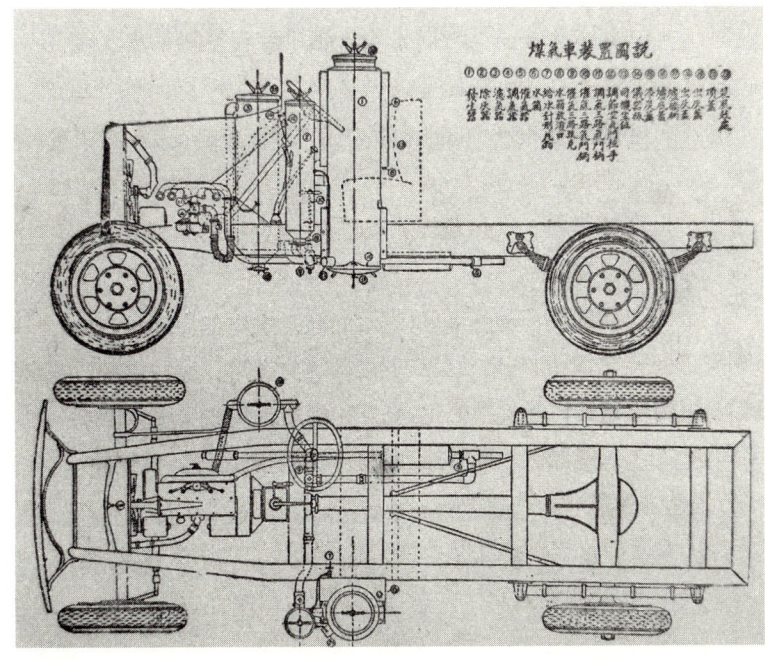

图 5-3

此后，成都的木炭车无论在城区内用于公共汽车线路，还是在公路上用于客运班线及商用运输货车，使用起来也逐步得心应手，后来居上的成都常被其他地区的路政局或新闻报纸纷纷称赞。根据抗战结束后的有关机构和新闻报纸分析，成都成功有效地使用木炭车，全力支持了抗战的运输任务，得益于两个方面，一是成都人善学且务实，不为困难所折腰，以及成都人的动手能力强；二是成都在使用木炭车之中，逐步探索出木炭车的使用、维护、管理等一系列的规范，才有力保障了木炭车的正常运行和发挥其运输潜力，同时对车夫和汽车运输公司关于木炭车的使用教学和培训机制也是行之有效的。

在民国时期，成都木炭车的教学培训和操作规范共有4个类别：首先是"木炭车之构造"，本类别开篇就阐明木炭车是由普通汽车改装，添设各种机件，使木炭车发生煤气以代替汽油。其构造的机件有煤气发生器、除尘器、滤气器、调气器、推气器、给水器，简称"六气组合"。六气组合之中排在首位的"煤气发生器"，就是该器内储有木炭，燃烧时与空气及水蒸气化合，即生成煤气。其六气组合的最后一个"给水器"，是由车夫按发动机的速度为比例，随时较准，将水给入煤气发生器之中，便成蒸气而供发生器之用。仅此一点，可见木炭车的教学是必不可少的。

其次，是"木炭车的驾驶法"，即为木炭车的预备工作、木炭车的开车工作以及停车工作。其预备工作对于发动机的准备操作，就有水箱是否注水，检查汽油、机油、电路等后，再将给水器加水至刻线相平为止，并取已燃烧的木炭一斤，用漏斗添入发

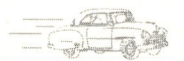

生器的炉桥上,随将碎木炭倒入。其预备工作中有检查汽油规范一项,在此,人们就会产生疑问,木炭车如何有了汽油?其实,木炭车的发动机启动,仍用汽油,待木炭车发动运转一般在5分钟后,再切换到用煤气,切换发动机使用煤气燃料后,木炭车所操作的变速、加速、减速等与汽油汽车已无什么差异了。

其三,是"木炭车的管理法",其管理法共有9项,分别是添炭、整理炉火、停车过夜、校准给水器、清理除尘器、清理滤气器、选择燃料、检查气路、检查发动机。今天看之,就知此法是对木炭车的维护管理,而不是我们现在理解的行政管理法。成都民国时期对于木炭车的维护,竟然用"管理法"来表述,可见当时把木炭车的保障工作放在了何等重要的位置。在木炭车管理法之中的"整理炉火",就是要求煤气发生器之中的炭火须燃烧均匀,如含有渣石,就不能发生良好的煤气,煤气质量不高,发动机便无力甚至熄火。而其中的"停车过夜"管理更有妙法,其基本保障是发动机须熄火,而煤气发生器内的炭火则不得熄火。停车过夜时,煤气发生器内木炭添满,但炭盖不得盖死,须留一定通风口,在自然风的作用下,煤气发生器内的炭火保持最小火力,但不得小至熄灭。次日开车时,无须引火,通过操作机关,升高炉火以备使用。

其四,是"木炭车的检修法",其检修法是根据木炭车易出的关键问题而制定的,共有4项,即引擎马力不足、引擎爆发不足、进气管和排气管有放炮声、引擎无慢车。该法在教学上,制有对应检查表格,检修人或司机可对表查找解决之道。其实,就是引用查字典的原理,人人都可去使用。例如该法的"引擎马力不足",其整理出 6 大原因,同时对表分别可找到检修方略。这其中的第二条原因是说"季度汽缸温度太低",而检修法则告诉你"在水箱前加装棉套"。以此类推,"引擎爆发不均",有 8 条原因和对策,"进气管和排气管有炮声"则有 4 条对策,而"引擎无慢车",也有 4 条对策。这个木炭车的检修法,几乎涵盖了木炭车抛锚或故障的所有情形,有了此法,木炭车上路当然放心,车辆效力发挥当然是令人满意。

成都民国时期善用木炭车,靠的就是这两条,才为成都的抗战工作做了大贡献。从成都人善用木炭车之中,看到的是成都人一点都不"木炭",而是精明能干。

成都的『伦敦马车』

"四轮马车远远来,滴滴哒哒传长街",这就是对成都晚清四轮马车的形象描写。

这个四轮马车就是成都的客运马车,也叫出租马车。在英国伦敦,无论官方或民间对他们的两轮马车和四轮马车都叫出租马车。成都出租马车首先出现的地方,就是成都青羊宫一带。

青年宫一带从来就是成都的游览胜地,成都郊外那漂亮的乡野风光也于此地。正如陆游诗中所描写:"当年走马锦城西,曾为梅花醉似泥。二十里中香不断,青羊宫到浣花溪。"哪怕是到了清末,这一带依然保留如此。当然,陆游诗中的"走马"与清末成都的客运马车可不是一回事,陆游是悠然骑马于青年宫一带,欣赏南河两岸的市郊风景,而清末成都的马车是四轮客运马车,专供当时"劝业会"和"青羊宫花会"的来往人群租用的。

每每"劝业会"和"青羊宫花会",租用四轮马车的人就会很多,特别是在人流车流高峰时期,警局也要搞交通管制——在南门城墙上支着警局新制的木牌告事,几个警察站在南门城墙洞出口指挥引导"出城门靠右手走"。这时轿子与步行的靠城墙一边新辟的路走;骑马的需过南门大街,走河对岸的幽静小路;乘坐客运四轮马车的却走南河内岸边的柳荫街,然后一路嗒嗒嗒地奔向青羊宫……

这些客运四轮马车是当时的成都商人专门从上海购回的,最先投用于青羊宫花会和劝业会,也是成都的客运马车最先锋了。据清宣统元年(1909年)出版的《成都通览》记载:"南门外

通花市有马路一条……每年春二、三月劝工会时,专行东洋车和马车……每年春间,车马如织,马车票价每人每回取银二角。"要在平时,一般成都市民都说马车太贵,包一辆马车要八角,给一角二角钱的,只能一人单坐。所以,好些市民不太爱坐马车,而是去坐黄包车,同等路段,黄包车价才三十文钱。

　　成都清末开行的四轮出租马车是从上海引入购回的,而上海当时的马车是从英国伦敦引进和部分仿造而成,引进和仿造选择的是当时英国中年妇女们喜欢的一种马车型号 growler(咆哮者)(图6-1)。这种客运马车是一匹马拉的封闭式四轮出租马车,

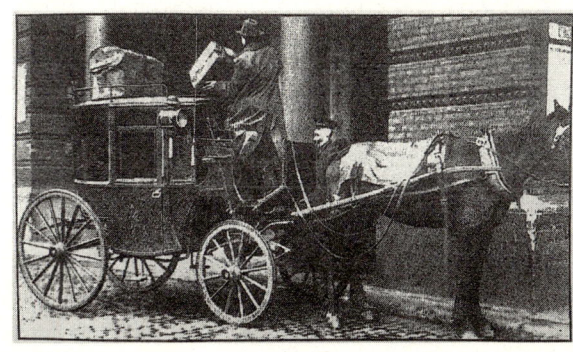

图 6-1

当时英国中年妇女喜欢它,因为她们不信任当时的出租汽车和单匹马拉的双轮出租马车,且四轮马车还有充足的后备厢,很是方便妇女们携带包裹出行,在火车站一带服务尤受欢迎。

英国的出租马车开始是单车双轮双座的,于1625年伦敦出现,据载,这种出租马车是历史上最早的组织化营运城市道路出租交通方式。紧接着,英国的四轮马车也加入了出租营运。至于说到出租马车是选两轮还是四轮,其实从技术层面来讲,主要区别它的乘坐舒适性。出租四轮马车的出现,其时间正好是钢制弹簧变得更加成熟,与此同时,前后车轴之间也加上了竖向转动轴,这就让四轮马车的前后轮能够同时转向,技术的进步也成为推动出租马车繁荣的重要力量。此时,欧洲大陆的其他国家也纷纷效仿,迅速出现了出租马车的队伍。1654年,英国伦敦又设立了史上第一部出租马车管制法规,驾驶出租马车成为需要许可的职业。这就是伦敦出租马车风行一时的基础,并在19世纪下叶成为伦敦"街头之王"。当时的英国首相本杰明·迪斯雷利称其为"伦敦的贡多拉"。贡多拉是意大利水城威尼斯独具特色的尖舟,造型别致、轻盈纤细,便于河道穿行,所以它是居住在潟湖边的威尼斯人的代步工具,已有一千多年的历史。可谓威尼斯人的"水上的士"。可想而知,当时的伦敦居民是如何喜欢双轮双座的出租马车了。

天下没有不散的宴席。伦敦盛极一时的出租马车也快跑到了其历史的终点站,从1902年开始,出租马车的数量从7577辆减少至1906年的6648辆。在1909年至1911年,也就是我国清朝宣统年间,伦敦出租马车再次大量减少,马匹被出售,出租

图 6-2

马车被烧毁,到第一次世界大战爆发的 1914 年,伦敦仅有出租马车 232 辆。蓉城的士文化博物馆收藏的英国伦敦出租汽车的一张老照片(图 6-2)上,一辆出租汽车旁站着一位白须老者,照片配说的英文翻译出来是,"也许有人猜测,站在车旁的这位出租马车司机都那么大年纪了,还能学会如何驾驶汽车吗?和他一样大的人在 20 世纪 20 年代都在出租马车上勉强混日子。"到了 1934 年,伦敦只有 19 辆"咆哮者"和 3 辆双轮双座马车了,而马车司机仅有 23 名。

是什么原因呢?马车车速不如出租汽车快,马要疲劳,而汽车永不疲劳。其根本原因是英国完成了工业革命,生产力有生产力的法则。只有英国妇女喜欢的"咆哮者"四轮马车才存活到 1948 年后期。

伦敦的马车在退出出租交通业市场的同时,成都上演的客运马车则刚刚登场。

成都客运马车登场时间是清光绪末年,同伦敦出租马车不同

图 6-3

的是，伦敦出租马车盛极近三个世纪，而成都的出租马车在清宣统末年就停业了。当时成都小街小巷如织，便于马车的马路太少。同时小街小巷又便于营运轿和刚流行起来的黄包车行走，出租马车生存当然很难。

客运马车作为出租交通工具在成都较规模正式投入营运，已是民国32年（1943年）。当年元月，四川省驿运管理处在成都设立了客运服务所，负责成都地区客运马车的经营和管理。其职能，一是对私营客运马车的运价、营运实施管理；二是置备公营客运马车，自办客运，当年就备有公营马车12辆，且在民国35年（1946年）发展到百余辆，并将市场范围扩展到了郊县。私营马车发展很快捷，先后有翔云、健行、交通、飞龙、利民、鲁轮、新华等客运马车行诞生。如成都健行马车股份有限公司就拥有客运马车70辆，行驶成都的十字线，东起九眼桥至沙河堡，

西起西门车站至茶店子，南起武侯祠至红牌楼，北起梁家巷至将军碑。另在市内少城公园、盐市口、牛市口、青羊宫等处设有站址（图6-3）。

在那时，虽然成都客运服务所的公营马车与私营马车运输社似乎是连着手，占据了成都客运出租马车的主体市场，但依然生存着客运马车个体户，在那个时候叫家族式经营户。对于这个鲜为人知的出租马车个体户，笔者曾采访到了龙绪明老先生。

龙老出生于华阳中和场，而且至今仍住家中和场，他孩提时就常常乘坐出租马车。其父母当时在成都有业务，主要经营茶叶生意，制茶卖茶都在干。所以常常是"打的"进城。龙老跟父亲进城乘马车，跟母亲进城大都坐黄包车。据龙老讲，在那时，人们心中的出租马拉车属机动车了，黄包车才是人力车。孩提时

图6-4　　　　　　　　　　　　　　　　　　陈家林　供图

的龙老先生特喜欢乘马拉车,虽比黄包车要颠簸得多,但有速度感,很有坐机动车的感觉。龙老当时乘坐的是两轮六座马车,既不是成都城区的四轮马车,也不是英国伦敦的两轮马车,可谓中和场的自创马车(图6-4)。

　　中和场在民国时期就有马车个体户。场里有名的出租马车户是李氏三兄弟,大哥李成皋有一匹很强壮的马,长有一身少见的灰毛白花点纹的皮毛,取名为"玉花骢"。他们的街坊魏氏两兄弟也当出租马车个体户,但不是马拉车,而是骡子拉车。由于骡子力气比马强,跑得快,所以客运货运都很好。中和场的这款马车的上客吊梯位于车厢前沿,车厢简易且可拆卸,下雨时可加黄帆布篷。其营运路线长期不变的有两条,一是从中和场到成都市郊九眼桥,主要是载人客运;二是从中和场到黄龙溪,中间路过华阳镇。当时黄龙溪是通商码头,所以该线多为客货混装。此刻就让

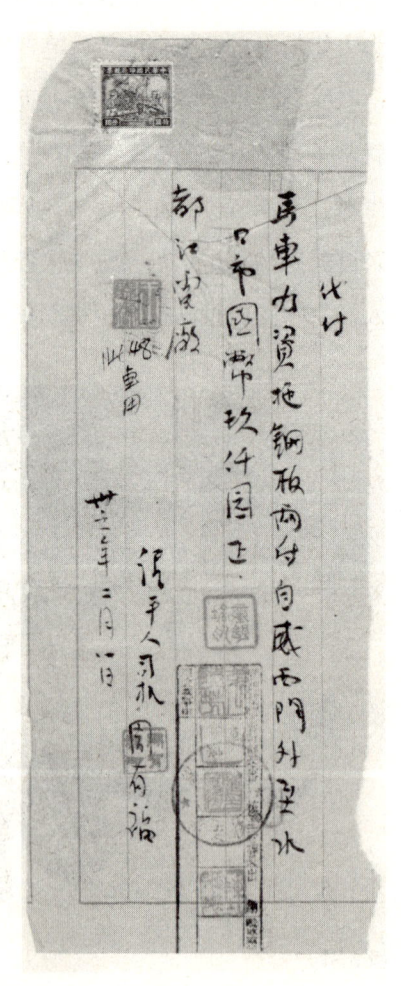

图 6-5

人明白了，中和场的马车车厢是可拆卸的，就是便于客货两用。今天的微型面包车和时尚非凡的越野车都具后座可折叠放平功能，亦可人用也可货用，这个功能是不是学习了我们先辈的中和场出租马车呢？我们亦可猜它几分。（图6-5）

成都客运马车为什么在清末时期开行又停止，而在民国中后期又猛然风行了呢？是因为有了市场和马路的新建改建。抗战时期，沿海地区大量工厂和机关、大学、工商业迁来大后方成都，使成都人口大幅增加，经济产业发展迅速。

民国36年（1947年），成都客运服务所因四川省驿运管理处撤销而移交四川省公路运输公司。当时还有客运马车101辆，骡马200余匹。管制订约的私营客运马车还有300余辆。营运范围除成都一区、二区外，还设有成都至温江、双流、华阳、龙泉驿等。据四川省公路运输公司民国36年7月20日至11月底统计，仅仅四个月中，公私营客运马车共载客51万人次，日均达到3000多人次了。

抗战胜利后，原来迁入成都的大量人口、工商业、大学等单位机关陆续迁回原地，再加之当时经济萧条，物价飞涨，乘客减少，骡马死伤多，行车费用增高，首先是客运服务所的公营马车入不敷出、难以为继。随后该所实行"公车商马领车制"，就是许可私营马车行向客运服务所申请领车，自备骡马雇人驾驶，其营运收入三七分成，客运服务所分三成，马车行分七成。但后来仍然难以维持，至1949年底，客运服务所的公营马车仅残存18辆，而私营马车也业务不佳，客运马车业逐向衰落。

1950年6月，专门从事成都客运马车经营和市场管理8年的客运服务所由川西区国营运输公司接管。同年11月，该所被撤销。1953年3月经批准，又成立了公私合营的成都马车客运队，1956年改组为客运马车合作社，1962年又划归成都市搬运公司。在该公司属下的城东马车队，有马车11辆，骡马81匹，在西门至文家场、土桥，武侯祠至簇桥的郊区营运。随后这些线上有了公交车，马车客运业务转入货运。至此，成都自有客运马车的清末至20世纪60年代，生而停、停而生的时间不到半个世纪就终结了。

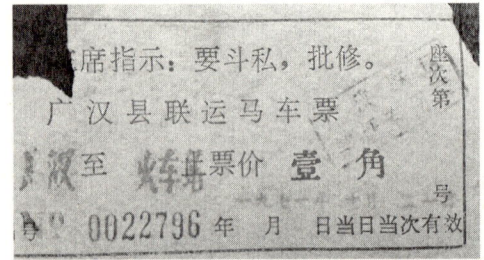
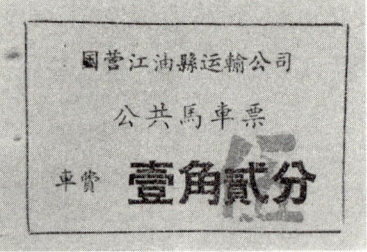
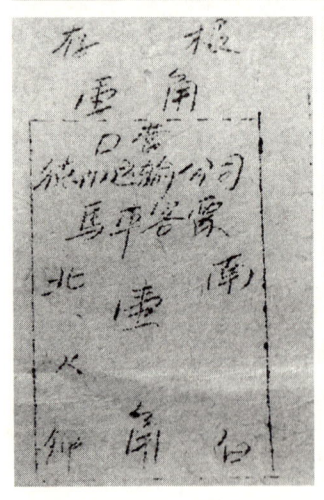
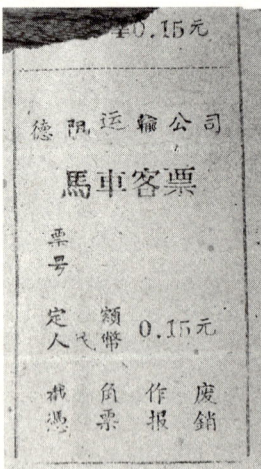

图 6-6

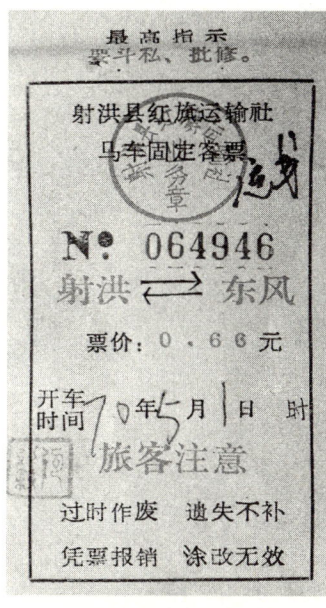
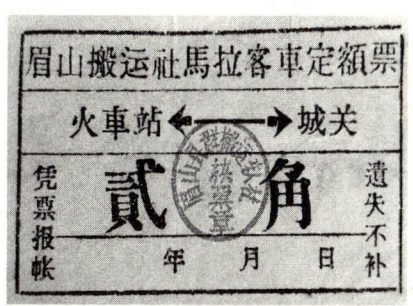
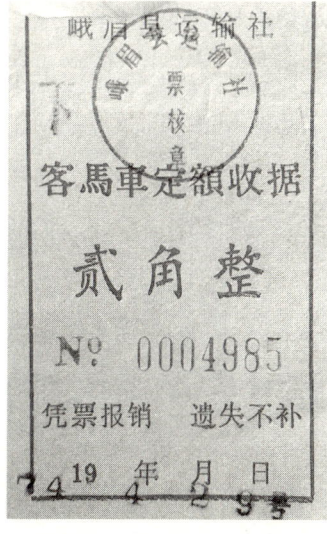

图 6-7

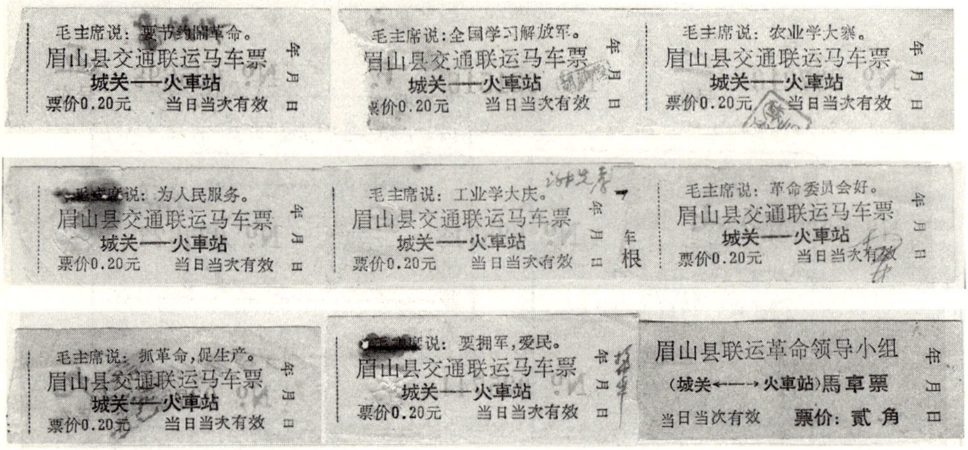

图 6-8

　　成都的客运马车在其终结之时，在成都百里之外的周边小城市，客运马车业务倒是不错。从蓉城的士文化博物馆收藏的"德阳运输公司马车客票""射洪县红旗运输社马车固定客票""广汉县联运马车票""峨边运输社马车定额票""眉山县联运革命领导小组马车票"上看，这些客运马车票据开出时间大都在"文革"时期。尤其是射洪县的马车票，设计规范、印刷良好、信息完整，并填入使用时间，票据尾部还印有旅客注意事项。（图6-6、6-7、6-8）

　　成都客运马车回忆到这时，倒也生了启示，伦敦出租马车退出市场时，成都客运马车刚刚兴起，成都客运马车衰落时，川内其他中小城市的客运马车却跑得正欢快。

　　成都客运马车经历也在论证着生产力，它就如同山涧流水一样，朝有落差的地方奔去。

双层公共汽车『火炬号』

成都史上第一辆双层公共汽车取名叫"火炬号"，它不仅是成都造的第一辆，而且还是中国造的第一辆，时间是1958年。当时全国同行惊喜，众多大城市还派员前来采访学习与交流。

　　1958年初，国内的一本《汽车和公路》杂志（图7-1）介绍了国外双层公共汽车，就是这本杂志，点燃了成都市公用局汽修厂要造双层公共汽车的梦想。不几月，该厂因成都市政府调整管理体制，归并了成都市交通局，其厂名和领导机关变更了，但厂里职工们的双层公共汽车的梦想却一点都没变。

图7-1

1958年7月，成都市交通局同意组建双层公共汽车制造的专门队伍，任命局技术员付定忠为现场指挥，汽修厂技术员李坤任技术组组长，并有多名技术工人为组员，组建了双层公共汽车设计制造小组。付定忠、李坤等人首先是选定双层公共汽车的底盘基础，决定在当时运行良好的专用车中间挑选，很快编号703的T-234大道奇客车浮出水面。双层公共汽车在制造时，大量选用5号槽钢，并反扣于汽车底盘架，以支撑车厢，上层车厢第一立柱与下层车厢第二立柱相互连接，使上层略后缩部分，这样可使双层公共汽车的外形设计上很像航天飞机的头部，极具超前的设计感。这辆双层公共汽车下层内高1.65米，座位40个，上层内高1.55米，座位20个，总载客设计为90人。当这辆双层公共汽车开出车间时，时任成都市交通局长曹惠文欣然为其题写了车名——"火炬号"。（图7-2）

　　"火炬号"投入公共汽车线路营运，立刻引爆蓉城，市民们欢欣鼓舞，并纷纷取名，有的叫"两层楼的公共汽车"，有的叫"会飞的洋房子"，并争相乘坐，居高临下观赏市景，这辆双层公共汽车当然是"人满为患"。由于双层公共汽车的双层车厢，车体本身自重也大幅度增加，市民上车观光甚多也无法有效控制，"火炬号"运行仅1个多月，便出现左右横梁全部下弯、车厢下沉、悬挂部件严重变形、转向机械操作沉重，"火炬号"回厂整修已势在必行。

　　"火炬号"的整改工程分三项进行，一是，改进欠合理的结构，矫正和更换变形的部件，并在车架横梁下部加铸三角形钢构材料，以解决上体车厢的下沉；二是，把上层车厢横钢横梁校

图 7-2

直,改进原来的反扣安装为竖直立形安装,并创造性地在槽钢内胶镶嵌经盐水煮制的青冈木,大幅度地增加了横梁的强度和韧性;三是,在车辆底盘悬挂部分增加弹簧钢板数量,转向系统重新维修和调制,最后一道工序就是整车重新喷漆上光。面容一新的"火炬号"就这样重新出现于蓉城的街头。后来,成都没有制造第二辆"火炬号",已不是什么造车技术问题,而是当时成都的老街限制了双层公共汽车高大的躯体,运行中不断挂断街面老屋房檐,交通安全隐患甚为突出。这个突破不是一般造车技术,而是成都人的一种精神。

有本内刊书中曾记录了当时已是工程师李坤的一段回忆:"当时工作条件和工作环境十分艰苦,白天黑夜连轴转,既没有资金也没有加班费,但同志们的热情高、干劲足,常常加夜班,肚子饿了,自己掏钱买几块豆腐干、几粒花生米,喝二两老白干,啃一个干馒头充饥,稍稍休息又继续工作。然而,谁也没有怨言,大家是一心扑在这个双层公共汽车上。"听了李坤一席话,你能不说成都人就是有一种精神,创造使他生生不息。

光阴荏苒30年,成都再次有了双层公共汽车,这批车共有6辆,清一色的浅蓝色涂装,车身上还印有显眼的"柔和七星",一看便知它来自香港。1988年9月9日,当时的成都市公共交通总公司与香港必通达巴士服务有限公司合作,用该车的车身广告收益作车款补偿方式,成功引入了这批二手英国丹拿牌双层公共汽车,香港叫"双层巴士"。也就是说,成都用双层公共汽车去载客而实现营运收入,而香港必通达则享受双层公共汽车那高大惹眼的车身广告收益。6辆"丹拿牌"双层公共汽车专跑一环

图 7-3

路环形线 34 路，其票价也首次采用了人民币 5 角的一票制，目的是减少售票的占用时间，以提高"丹拿牌"双层载客的上下客的流通速度。后来统计，"丹拿牌"的票款收入和广告传播效果的"两个效益"均佳，真是皆大欢喜。（图 7-3）

  这 6 辆"丹拿牌"使成都第二次拥有了双层公共汽车，但更是第一次有了外国品牌的双层公共汽车。由于"丹拿牌"是英国品牌，所以是个"右盘式"。所谓"右盘式"就是车辆的方向机位置于右边，按英国行路方式是车辆靠左边行驶。当"丹拿牌"到了成都，驾驶员上手，不能操控自如。但这款"丹拿牌"却锻造了全国首位双层公共汽车女驾驶员，这位女驾驶员就是 34 路车的晏萍。晏萍驾驭"丹拿牌"有拿手好戏，英国"右盘式"和成都的"左盘式"在她手里没有任何区别，当时仅 26 岁的晏萍轻松驾驭，左右开弓，而晏萍也是开着"丹拿牌"双层公共汽车出了名。（图 7-4）

  又过了 6 个年头，成都第三次拥有了双层公共汽车。1994 年 3 月，成都市公交总公司再次用"丹拿牌"的引资方式，与香港新美景工程有限公司达成合作协议，港方投入 8 辆双层公共汽车，并分别从深圳和上海接回成都。这批车辆同样是英制品牌，右盘式，车高 4.48 米，车长 10.4 米，投入线路仍然是公共汽车 34 路这条黄金线路，那是成都的公共汽车"黄金线"，就是客流巨大，票款收入颇丰的线路。看来成都的"黄金线"真的是扎扎实实地吸引着港资，当然，港资投车也看到了"黄金线"的好市场。

  1994 年 8 月 21 日，成都市公交总公司与香港通成推广有限公司共同投资人民币2000万元，引入双层公共汽车的协议正式签订，其股比港方为2/3，成都公交为1/3，协议规定，为适应成都建设国际大都会的城市公交需求，将于1994年11月起，定向采购南京金陵牌双层公共汽车50辆，分批投入58路、16路、48路

图7-4

公共汽车线路，双方合作期为10年。成都公交负责营运生产和享有营运收入，港方享有双层公共汽车广告收益为投资回报。

1995年3月31日，首批从南京接回的金陵牌双层公共汽车全部投入58路，并成为成都第一条双层公共汽车专线。当时参加58路双层公共汽车专线开行仪式的，分别有市人大、市政府、市建委、市公用局，以及成都公交、香港投资方代表和南京金陵双层公共汽车制造厂代表。可见，成都对首开双层公共汽车专线是十分重视的。随后，35辆金陵牌双层公共汽车又分三批接回了成都，分别投入了16路和48路市区骨干公交线路。

然而，开行58路的双层公共汽车又是如何飞渡长江翻越秦岭回到成都的呢？"山重水复疑无路，柳暗花明又一村"，这个"又一村"，恰恰就是一群南京双层公共汽车的接车人的精神。南京金陵双层公共汽车的车型JLY6100A，其车身高大，在当时的山区公路行驶犹如"巨无霸"一般。接车队开头车的，始终

是职业素养更为过硬的人,这个人就叫蔡彬,他当时还是成都公交三公司的一名车队长。行路上,往往他的头车刚过小镇,随后的车辆总是被乡民们围观着,"巨无霸"当然是震惊了他们的眼睛。回成都的路真的是千里迢迢,经合肥、六安、南阳、商洛、西安、宝鸡、凤县、留坎、汉中,并在万源入了川。过涵洞有险,上轮渡有险,翻盘山路有险,过小镇有险,一路险来,一路险去。这时,一队人马终于嗅到了一丝故乡的气息,而他们早已是起早贪黑地在路上奔忙了10天,路码表记录的里程已有2376千米。

  "一路艰险一路勇往直前,我们当时只想如何安全前行,没有一丝退路。"电话采访蔡彬,他依然能清晰地回忆起当时的心境。接回南京双层公共汽车,最为严峻的考验就是大雪中翻越秦岭。接车队一早从宝鸡出发,正午就到了秦岭山脚下。车辆无防滑链配置,车身高重心高,如此车辆翻越大雪山,没有防滑链根本无法想象。后来到处找村民家租用,但根本没有合配双层公共汽车的型号,大脚穿不了小鞋。说成都人善用脑壳,这时派上了,一队人四处找村民买来一大堆粗麻绳,用来死捆窄小的防滑链,就匆匆去上秦岭雪山了。那天,秦岭山顶上那个冷,仿佛咬着人的骨头,温暖如春的南京城出品的双层公共汽车呢,是水箱冻裂、油门拉线冻死,如此等等的抛锚接踵而来。当一辆辆双层公共汽车修复时,这队接车人的肚子早已空空如也,"又冷又饿,日子难过",正在考验着他们。这群接车人最大的安慰是什么呢,那就是三个月后,成都市有了第一条双层公共汽车开行,那就是58路车。(图7-5)

图 7-5　　　　　　　　　　　　　　　　　　　　蔡彬　供图

  1994年11月，香港新美景工程有限公司、香港通成推广有限公司再次与成都公交总公司签订协议，再次从香港境内引入英制双层公共汽车28辆，将分别投入成都公共汽车骨干线路。其港方的投资回报方式，仍然是双层公共汽车的广告收益。由此看来，成都的市场经济气象良好，其无形资产的广告，着实吸引了香港来成都投资公用事业。

  1994年12月28日，这天又是个极为重要的日子，因为这天，意味着成都时隔35年之后，将再次制造双层公共汽车。这天有个三方签字协议生效，他们分别是香港新美景工程有限公司、成都公交总公司和成都客车制造厂。当然，如果没有政府的

有力支持和服务，这笔良好的投资也不可能来到成都。所以，当天参加签字仪式的还有四川省汽车工业办公室、成都市政府办公厅、成都市建委、成都市公用局等等。根据协议，三方共投资50万美元，引进先进技术，蓉港联手制造销售"成都牌"双层公共汽车。

一切仿佛又回到了原点，时隔35年后，成都当年制造的"火炬号"双层公共汽车又复燃了，成都，再次制造双层公共汽车了。

从成都客车制造厂大门接出来的"成都牌"双层公共汽车不负众望，一辆接一辆地出现于成都的大街，高大的车体以及远远就能望见的车身广告，无不呈现着成都公共汽车的繁荣景象。2007年，成都客车厂还推出了观光型敞篷双层公共汽车，除了兴奋着外地人、外国人之外，更兴奋了成都的婚庆市场，约租双层观光公共汽车做婚庆彩车成了时尚。

成都的1994年是怎么了，一年几度引资投入和制造双层公共汽车？看来定是成都当年的"火炬号"已"春风吹又生"，成都的双层公共汽车才"芝麻开花节节高"。其实，它更是成都人善学善用了小平同志的"南方谈话"，才如此站在双层公共汽车的顶上，看得很远很远……

成都电车何时来的「电」

成都电车何时来的"电"？其实，这个文稿标题中的"电"，是指成都电车是如何实现开线通车的。为什么要有这样的暗示呢？因为成都曾有两次议定和实施电车开行之事，只不过办成功了的，则是第二次。

成都第一次议定开行电车线路是民国35年（1946年），想以之取代黄包车人力公共交通工具，以示成都正在落实国民政府新政，用具体行动学习了现代化国家。民国35年7月，国民四川省政府签发了有十条内容的"禁止使用人力车案会议记录"，其中，第十条为"筹划电车线路"。开行成都电车线路之事，当时意由省政府签发文件，也可见当局的态度坚决和信心十足。而且，也将会议记录签发的新闻稿发往报纸，予以大力宣传。当时的成都大报《新中国日报》就以大标题"建设市区新型交通——电车轨线三年内建成·人力车自本月起缩减"给力报道，可谓正式向全市各界宣布了"三年禁绝黄包车，发展公共汽车、电车先进交通工具"的大政方针。然而，时至民国38年（1949年）5月统计，成都"筹划电车线路"连个影子都没看见。不过还好，没过几个月，成都就迎来了解放军，成都解放了。

成都市人民政府成立之后的1951年，特别成立了成都市公共汽车筹备处，并于1952年开行了公共汽车第一线。之后，于1958年把成都电车开设纳入了议题，并在1960年4月，正式成立了成都市无轨电车筹备处，其建设第一条电车线路资金从成都福利集资款中拨出331.1万元。同月，四川省计委（61）计基

字第14号文批准,同意无轨电车第一期工程(盐市口至火车北站)在1961年2季度内安排施工,所需资金在成都市福利集资中开支。(图8-1)

为什么当时开办成都电车的资金要从福利债券的集资款中开支呢?其实这就叫"人民公交为人民,人民公交人民办",就是从资金的筹措上,也是真真切切体现了群众路线。20世纪50年代,成都的经济和城市功能正处于快速成长期,人多车少的矛盾自然十分突出,所幸的是,当时成都市政府创新办法去解决公共交通的建设资金,专门安排成都财政局委托人民银行,成立"成都市人民福利事业投资公司",并向全市公开发售福利债券。此债券一经推出,全市机关、厂矿、居民踊跃购买,在记者采访当时公共汽车公司老员工黄遐方、肖泽云等人时,他们还透露,就

图8-1

图 8-2

是连同退休的老大妈,也把省吃俭用剩下的 5 元钱也买了债券。在那个时代,市民们的踊跃是发自内心的。

　　1956 年初,成都市政府的第一期福利公债共发行 240 万元,并首先用于市公用局汽修厂,迅速装配全新公共汽车 9 辆以及轴动式拖车 20 辆投入营运线路。这种用福利公债购买的公共汽车,全市老百姓不约而同称之为"福利车"。(图 8-2)职业敏感性极强的《成都日报》,于 1957 年元旦第 1 版报道了《福利投资开始为市民服务》的通讯,其文主要内容为:"随着城市建设的发展,东郊工业区的形成,乘坐公共汽车的人越来越多,出现了乘车拥挤现象,怎么办?公交职工克服很多困难,自制了 20 辆客用拖车。昨天,一台 60 型大柴油公共汽车牵引一辆崭新的油绿色的拖车,从骡马市街驶向武侯祠,它就是用本市人民福利投资基金制成的拖车在进行试行,将正式投入客运。"

成都由于有了第一次发行福利公债和资金运用的好经验，紧接着又陆续发行并运用于成都无轨电车的建设上。所以，成都兴办电车是有充分资金保障的。成都无轨电车筹备处成立后，从公共汽车公司抽调原党委副书记雷应贤来当副主任，当时的主任一职是空缺的，实际上就是让雷应贤来牵头负责筹建工作。筹备处办公就在盐市口供电所二楼的一间十来平方米的小屋里，并分有技术组和材料组两个小机构，除市政府备有筹建资金外，一切筹备处的人员和筹备事务都是从零开始。

成都电车的筹建工作是如何开始的呢？副主任雷应贤曾在20世纪90年代写了篇回忆短文，文中说："对什么是电车，还是'不识庐山真面目'，对它的原理和特点是'擀面杖吹火——一窍不通'。"但雷应贤又说，他们这伙筹建人就是没有一个怕字，那个时代是"人人帮人人"的时代，一切始于"三个敢于"，敢于求人、敢于求学、敢于作为。

其实，筹备处开始工作的第一天，就踏上了八方"求人"的道路。他们是兵分两路，一路人马专跑省市政府的相关部门和本市的协作单位，想方设法筹集一切要使用的重要物质。按雷应贤所说，当时仿佛什么东西都需要，工业原料的钢、铁、铜、银、锌、锑、锡、镁、水银、橡胶、水泥、木料等等，快要把省上的计委、建设厅、物质局、机械设备成套局，以及市计委、市财政局、市基建委等省市部门的门槛踢断了。

而另一支，则是筹备处的技术大队伍，就此也踏上了异乡的求学路。第一路以朱光炯工程师带队，专跑整流站技术和建设。电车整流站是电车的心脏，所以对选址是反复权衡和论证，最后决定选址于成都电力负荷中心的暑袜北二街，并于1960年7月破土动工。当整流站选址成功后，这支队伍就立刻赴上海、北京、西安、重庆去求学，并成功请来重庆电车工程师张眸到成都具体帮助指导。

派出的第二支学习队伍，就是供电技术组，筹备处专选了一批年轻小伙子，送往上海电车公司委托培训，并请其为成都制造一批铰接式无轨电车。后来，北京电车公司也加入了这批电车的制造和电车道触线的来料加工。

第三路队伍去了重庆，培训成都电车的首批驾驶员。这批驾驶员的选人除了在市公共汽车公司抽调一批人转岗学驾外，还专门到成都部分中学招收了一批应届毕业生。招回来的学生，全部是一群女娃儿，这正好成就了成都第一批电车女司机的诞生，同时又充分体现了那个时代"妇女半边天"的功绩。到重庆学习时，正值重庆的"火炉时期"，这些女娃儿学员晒脱了一层皮，但她们选代表发言时说："就是铁钉，我们也要咬断它，学好技术，回去开车。"一听她们的发言，就知筹备处选的人没有错。

第四路队伍去了西安和重庆，学习电车的整流技术和架线工程。学习回来后，这伙人在重庆方面的指导下，动手架设轨线达5.3千米，栽下水泥电杆232根，并实现了与市供电局、电信局、路灯所的合杆使用。这批电杆全部是四川省水泥制品厂来料加工生产的。这之前，成都的电杆都为老木杆，那种老杆根本无力承载电车架空线的负荷，所以，成都电车的开设，无意之中，也开创了成都使用水泥电杆的先河。那时，支援单位都很积极，但支援的设备大都是来料加工，成都电车项目也不可能纳入了别

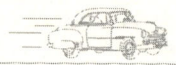

单位的年度计划，所以如果没有全国各地和省内单位的支援，成都电车也是难以开线的。

整流站的大型电缆线是重庆中南橡胶厂支援的，悬空交流直流绝缘瓷件是彭县东方瓷厂提供的，就连当时的132厂也为成都电车开线解决了标准与非标准异型号紧固件……

所有的求学艰辛，陆续迎来了回报。1961年11月，10辆上海制造的SK-663型无轨铰接式电车运回成都，存放于成都的文武路，从重庆学成归来的女司机们激动万分，第一时间跑去看她们的爱车，并自告奋勇要求去文武路当电车的夜间守护员。刚过了冬至节的1961年12月25日18时，当天异常寒冷，但筹备的电车人却一点也不冷。此刻，市供电局正式对电车整流站高压受电，一分钟内高压受电成功，又4个小时后的22点，电车实现送电试车成功。（图8-3、8-4、8-5）

图8-3

图 8-4

图 8-5

1962年1月1日，这天是新成都迎来的第十二个元旦节，这天成都市民也迎来了翘盼已久的电车上线，10辆红色车身的电车，一路温暖了市民的心坎。当时正倡导厉行节约，不搞开线典礼，但《四川日报》则以头条新闻《成都无轨电车元旦通车》予以报道，报道有段亲切的文字："现在行驶在第一线上的电车，车身宽长、车窗宽大、空气流通，前后有三个车门，车内安有46个人造革沙发式座椅，车内两侧正面中的顶上，以及座椅上都有扶手，大人、小孩撑扶很方便。"

　　官方不搞电车开行典礼，但市民们则十分踊跃，来看新车的，来看美女司机的，来看开线热闹的，都涌向了盐市口，仿佛在演绎着一场没有开线典礼的典礼。当天上午10时，电车正式发车开线，10辆电车车头扎着大红绸缎，与大红车身交相辉映，犹如一只只火龙，烧红了成都的冬天。驾驶01号车的是女司机林美芬，02号车是女司机吴桂蓉。看热闹的放大了眼睛，真不敢相信开电车还有女司机。看热闹最具代表性的是一位叫吴海云的老人，他退休前是东城区搬运公司的工会主席，他一上电车就显得十分激动，拉着售票员的手说："我在二十多岁时，就成天拉着黄包车不得温饱，你们现在的年轻人真是太幸福了，想想过去，看看现在，想想未来，我心里想说的真的太多了，这一切都是新成都太好了啊！"

　　成都人创办成都电车是多快好省，把市民的集资福利资金的一分钱当两分钱用。1962年6月2日，成都市公用局打报告给四川省建设厅，要为电车1路增购上海电车6辆。并同时报告了电车1路开线的资金使用情况，一是订购了上海电车10辆，建

设整流站一座和电车架空线 5.4 公里，以及电车 1 路开线杂费，共计用货币资金 229 万元；二是现存有钢材、有色金属、水泥电杆等物资，计价有 45 万元；三是报告增购电车 6 辆，所需货币资金继续由成都市筹集福利资金投入。这份报告仅 300 余字，在今天看来，却信息量大且有读趣，四川省计委计基字 14 号文批准的 331.1 万元的福利资金用于电车 1 路建设，但成都电车的创办人仅用 229 万元，就把任务如期完成了。

成都电车的创办真有意思，在民国时期，它折腾 3 年，仅仅留在纸上，而在新成都呢？办城市电车是市民拿钱出来，建设工程上更是四面八方支援，历时不到两年，就建成通车了。看来只有新成都，才让成都电车来了"电"。

成都民国的『驾车术』

成都民国的"驾车术",就是"汽车驾驶术"的俗称,这个俗称在那时的成都很常用。

民国15年,中国第二条汽车公路,即成灌马路建成通车后,又陆续有成简路、成彭路、成赵路以及川康路的成都至新津段建成通车。这时,成都的自用汽车和商用汽车也因此而持续增加。故此,学习汽车驾车术的人也相适在增加,"驾车术"的话题,自然而然就成为当时成都人的一项最为火热的街头议题了。然而,学习驾车术对于人的选择,条件却十分苛刻,汽车拥有量不多,又是现代化的交通工具,所以不是常被人称之为的"聪明人",最好也别去凑热闹。成都民国时期的驾车术除对学驾驶人的身体素质严格要求外,其本身的内容也较繁杂和条件甚多,就不仅仅是指学驾驶人掌握汽车行驶的操作,它还包括对汽车机械原理和构造的熟悉、汽车的各部件保养维护、汽车的"三检制"的应用。所谓的"三检制",就是汽车在行驶前、行驶中、行驶后的例行检查,以及公路四大类32个标志、号志的识别和自觉运用等等。

在那时,虽对学习驾车术要求甚高,但并无什么汽车驾驶学校和专业机构,大都是专业性较强的汽车运输公司等单位自办驾车术培训班,以及以师傅收徒弟的方式进行驾车术的教学。其教学周期一般较长,边干杂活边学习驾车术,既有一定生活费又保障了学驾驶人的坚守,而一位合格驾驶员的成熟起码要两年以上。民国14年(1925年)底,在成都华达汽车公司筹备

期间，就曾到当时的一流中学，一次性择优招选30名毕业生，开办了驾车术的培训班，并聘请相关汽车行业专家进行教学培训。到民国末年，这种汽车驾车术叫法，也有人改称叫"汽车驾驶法"，俗称"驾车法"。

民国16年（1927年），成都士绅周道刚见川内汽车拥有量在逐步增加，新开办的汽车运输公司和自用车主大都去上海或武汉采购汽车，他便意识到商机已来，故在建成不久的春熙路开设了益蜀公司——被称为成都乃至四川的第一家汽车经销公司。益蜀公司开业后，专销美制福特大小汽车，极大方便了成都的商用汽车和自用汽车的采购人，所以生意兴隆。甚至极快地惹来了外资汽车经销公司来成都、重庆两地，迅速开办专营汽车公司数十家。周道刚对汽车行业如此有见地，大部分与他当时身份有关，他时任中华全国道路协会四川分会会长之职。

自周道刚开办益蜀公司后，不仅惹来了外商公司来成都推销汽车，更是推高了成都汽车的拥有量，客观上又再一次增加了学驾驶人的数量。汽车多了，需求职业驾驶员自然也就更多了，所以，当时的年轻人对驾车术的学习是非常火热。当然，这些年轻人通过千辛万苦考取了汽车驾照并非就万事大吉。拿到了汽车驾照，还得扎扎实实开好车，把你学来的驾车术去万般展示，真心实意地当好驾驶员，赢得聘用公司的信任，才有可能得到公司签订的汽车安全连带责任保证书。在这份保证书中，会明确汽车公司对聘用的驾驶人负有安全教育和事故连带责任，甚至包括驾驶人违章、肇事、潜逃，负有交其归案的条款。所以，驾驶员得不到聘用公司的信任，就不能获得安全连

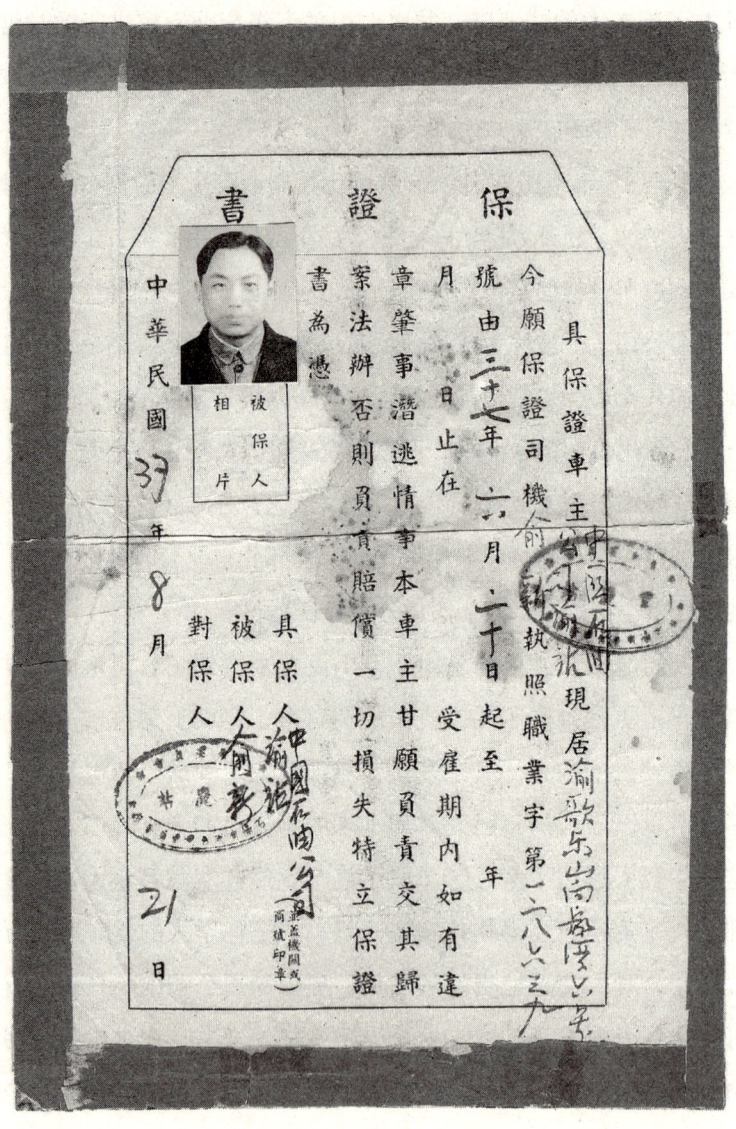

图 9-1

带责任保证书,就算你有了汽车驾照也是白搭。(图9-1)

学驾驶人要学习好驾车术,就得勇闯四大关口,即:汽车驾照的领取、汽车理论和汽车各大系统功能的掌握、驾驶方法和汽车驾驶须知。

首先,是汽车驾驶执照的获取方式。领取驾照之手续,必须经过严格考试。一是桩考,即在空地上排列木桩,驾驶人须在两桩间前进并倒车,以不碰倒木桩为合格。民国时期的汽车驾驶灵活度和驾驶室内的视线都不是很好,就桩考而言,也不是一件易事,都得靠学驾驶人苦练和良好的预估和目测能力。二是路考,路上行车之考试,包括变速、转向、制动、停车,以及交通规则等。同时,还有"一车两制"的驾照考取办法,一是车主执照,二是驾驶员执照。驾驶员考照时,除桩考、路考外,还要增加视力考核和加印指纹等考试考核,其驾驶员考照加印指纹就是当时的交通安全的监管手段;而车主执照又分两种,一为普通人,就是指车主本人,另一为不限定人,专门发给特种人员,如车辆检验员、汽车掮客等。此后,如遇驾驶员其执照不用时,须退回原领照机关并领取退回证,以备驾驶员需要执照时凭驾照退回证,再次领出使用。如有驾照不用时又未退回领照机关,年度检验执照时会被领照机关宣布作废。民国时期的驾照管理设有专门的安全员,其有责任按要求填写驾驶员每月驾车的时间和行驶里程,所以,驾驶员是否驾车是一目了然。这种驾照的安全行驶里程登记制,确实强化了驾驶员的安全意识,而且在20世纪50年代,成都车辆监理所仍在使用这种登记制,可见成都重视汽车的安全管理是有历史沿革的。(图9-2)

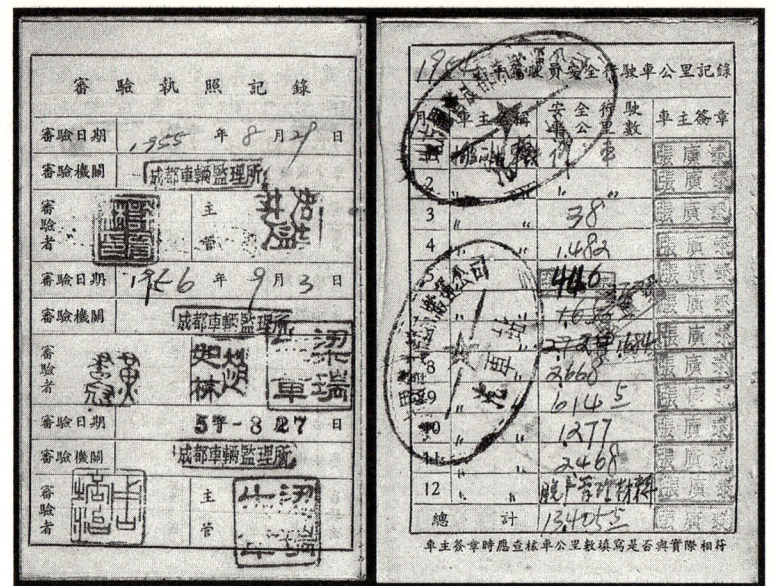

图 9-2

其二，在成都学驾车术要求百分之百地熟知汽车构造及各系统的功能性，这个科目就是"四大关口"的第二项。而这个学习科目又分为五大类别。

第一类别是指汽车本身，要求学驾驶人要有全新的汽车观，充分认识汽车是集艺术和科学于一身的，车身之构造力求美观，多趋向流线型，既艺术又减小行驶阻力。车架要离地面最低，以求车身之稳定。汽车应用甚广，也因其用途不同，故车身构造亦异，分类有乘人汽车、运货汽车、工程汽车、团体汽车、军用汽车、拖车六个类别。其每个类别又有细化，如"乘人汽车"就细分为六种，A式为四门轿车，B式为两门轿车，C式为四门篷车，D式为两门篷车，E式为轿跑车，也叫古皮车，F式为篷跑车。而其中的"团体汽车"，则取其生

动之形象,细分为公共汽车、长途客车、救护车,以及团体客车,这个"团体客车"专指旅游、学校、公司等机构自备用的大客车(图9-3)。

　　该科目的第二类别,便是汽车发动机系统,也称引擎。为汽车发生原动力机器,并有四冲程循环和二冲程循环之分。当时成都的汽车引擎大都是四冲程循环的,二冲程循环只用于部分小汽车和机器脚踏车。所谓的"机器脚踏车"就是现在常见的摩托车。发动机之所以能产生原动力,就是因为其四冲程的进气、压气、爆炸、出气完成一个循环后,便把产生的动力输出。在成都

图9-3

民国时期的汽车教学中,则用清代旧式大炮来加以比喻,并把发动机的四冲程与旧式大炮的关系精炼为"四个等于",即"大炮之配药等于发动机之进气""大炮之装药等于发动机之压气""大炮爆炸等于发动机之爆炸""大炮之出气等于发动机之出气"。这种教学方式在民国时期很管用,让庞杂的驾车术的学习充盈着妙趣,也让学驾驶人异常喜欢。

第三类别当属汽车的传动机关了。什么叫"传动机关"呢,成都民国的教例是这样描述的:"引擎转动后,须经过种种机件,使其改变速度及更换方向,而传其动作于车轮。此种机件,统称为传动机关。"简单讲,就是引擎的输出力,逐步依次通过飞轮、接合器、变速器、推动轴、后推齿轮、分速器,才把引擎之力完整地传递给行驶机关,从而使汽车行驶。真叫"机关算尽去,一个都不少"。这段文字之中所说的"行驶机关",其实就是汽车构造的第四类别了。这个类别是由车架、弹簧、车轮,以及制动器等构成。当时汽车的车轮设计,也因生产技术水平而定的,对于普通乘人汽车,其前后轮共四个;而大运货汽车则用六轮,前轮两个,后轮四个。

汽车构造及功能的最后一个大类别,便是学驾驶人最为关切的一个类别了,那就是汽车的驾驶机关。其基本原则有四项,即:变速器之轻易,制动器之灵捷,驾驶盘之精准,霍风之有效,使学驾驶人易于管理一切。这其中的"霍风"知之者甚少,其就是汽车化油器的节气门,它常在汽车发动和上坡、大负重时使用。学习驾驶机关对于学驾驶人五官功能要求更高,要"查五量、观多象"。就其汽车行驶中的汽油之余量,机油之压力,电池之电

量,水箱之热度,行车之速度,皆需了如指掌。这之外,还有附属设备要观摩用之,如抹窗器、望后镜、无线电收音机等等。

其三,就是学驾驶人学习驾车术最为直接上手的东西,也是"四大关口"的第三项,即汽车的驾驶方法。此刻,早已要求学驾驶人是全面掌握了汽车的一切构造及原理,这里所谓的"全面掌握"就是学驾驶人已把金属制造的汽车看穿了,所说"看穿了",就是看汽车如同看玻璃汽车似的,汽车的任何一个静态或动态的零部件工作状态,均未能逃脱学驾驶人的眼睛。只有当汽车"透明"了,学驾驶人才有资格去驾驶台闯关。所谓"汽车的驾驶方法",在成都民国时期分为6个方面,即"开车前之准备""起动引擎""开车及变速""斜坡上开车""停车""倒车"。

排在第一方面的"开车前之准备"又有5个"是否充足",即:水箱冷水是否充足、电流是否充足、汽油是否充足、轮胎压力是否充足、机油是否充足,如有其中某项未达标均有相对应的措施。起动引擎则有电力起动法、摇柄起动法以及推车起动法,用此3个办法有相对应的29个规范动作,不可缺一。开车及变速方面的要求,与今天开车大有不同。当今使用自动挡,与民国时汽车的手动排挡相比,几乎是没有任何技术含量。

成都民国时期的普通汽车大都只有3个行车挡,即头挡排,二挡排,以及三挡排。3个排挡在汽车行驶的不同情形下共有20种使用方法,要求学驾驶人必须得心应手。那个年代的道路情形复杂,无论城市还是山区,道路条件都十分有限,尤其成都在民国16年(1927年)前后两年内,所采购的大客车和大运货汽车,其汽车的科技含量还要更低一些。所以学驾驶人的"得心应手"就至关重要了。

在那时,汽车引擎发动还没有电动起动技术,全部为手动摇柄起动引擎,汽车的排挡虽也有3个,但还包括了汽车的倒挡排,且设置不是手动排挡,而是脚下排挡,俗称"踩倒爬"。所谓"踩倒爬",就是脚踏下为低速挡,也叫慢速,脚提起为高速,又叫快速。所以,在民国当学驾驶人不易,真叫"汽车技术装备不够,全靠人之技能凑"。就是这三个行车挡排,却要应对山区道路的复杂路况。其后还有难点,就是斜坡上开车,即上坡开车和下坡开车。前者有8个步骤,后者有6个步骤,如不熟练掌握,车辆大有失控之势,危机万分。汽车驾驶方法之最后两项就是停车和倒车,它们分别由8个和4个动作步骤予以控制和掌握。要求是车要停得准,要按考试官要求,指哪儿停哪儿;同时,车要倒得好,犹如车尾上长了眼睛一般。

学驾驶人早已明白,他们最为直接的手头活就是驾车术,但

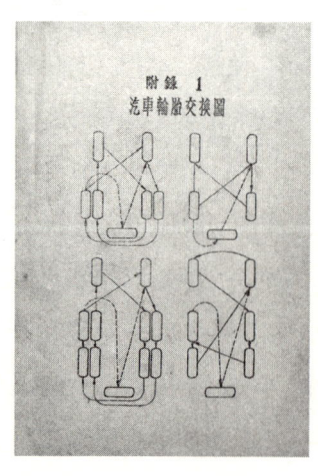
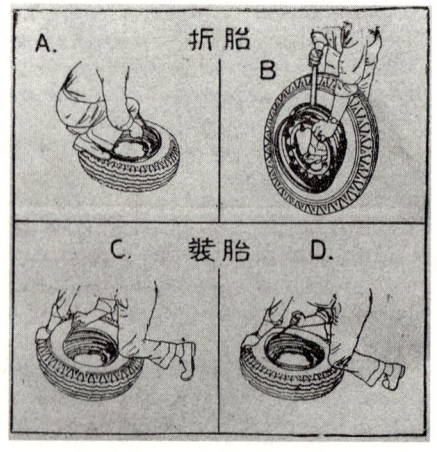

图 9-4

成都那时初建的道路复杂，路况不佳，汽车轮胎磨损和爆胎更是常有，所以对学驾驶人同样要求具备汽车各部件保养和车辆的手动修制能力。所以，对驾车术的间接性要求也不少，学驾驶人也不敢怠慢。其中有一例，就是汽车轮胎拆换术。所谓轮胎拆换术，就是四轮汽车、六轮汽车以及八轮汽车之轮胎互换，以保证车辆能继续行驶和最大限度的安全行车（图9-4）。再有一例，当时的大货车、大客车拆卸轮胎也讲章法，左边轮胎的紧固螺丝是反时针，右边的则是顺时针，为了便于牢记，被提炼为"左反右顺"。民国时，成都的年轻学驾驶人对此技术尤为热忱，乐此不疲，以求将来开车上路，一路顺风。

事情果真灵验了。民国28年（1939年）的抗战时期，四川当局出台了汽车轮胎和重要汽车配件的管制办法，商用车辆的轮胎采购比登天还难。起初，商业汽车购得后，轮胎及配件是靠汽车经销商配给，但仅能维持车辆营运不超过两年，所以，常有汽车因缺乏轮胎而被迫停止营运的汽车公司也不在少数。到了抗战时期，轮胎和配件供给矛盾更加突出，公车按担任的汽车运输量供应轮胎，而商用车之类则按服务配给。所以，商用车的轮胎缺口，一靠胎工修补，二靠驾驶员善用而延长其使用寿命。当然，四川公路局也积极在车站车场兴办汽车修理厂，其补轮胎则是最多的一项服务。到抗战后期，商用班线也因此停运不少，有时为了维持班线，甚至用螺丝补汽车轮胎，也成常态，被当时人戏称为"罗斯福轮胎"。其实，称之为"罗斯福轮胎"，很有成都人之幽默感，更是对用螺丝补汽车轮胎之举的表扬之意，无意之中也体现出成都人敢于创新和善于因势利导。由此可见，学驾驶人在民国时期学好轮胎拆换术，是多么的实用和实惠哟。

过五关斩六将，学驾驶人终于熬到了"四大关口"的最后关口，那就是汽车驾驶须知的学习和运用了。所谓驾驶须知，就是学驾驶人必须牢记和运用的，其共有4类须知，即行车规则、停车规则、车辆载重规则、肇事须知。行车规则有25条，停车规则有5条，车辆载重规则有7条，肇事须知有3条。有趣的是，行车规则第22条有"车上喇叭、警铃，非于必要时，不得频用"。看来，成都地区禁止乱用喇叭、严控噪声，早在民国时期就有萌芽了，不但民用车，警用车也一样，从而可窥成都人的超前意识。同时，在车辆载重规则第3条也有"车辆载客，不得搭坐于不相当及危险之位置"，更是说明，那时的成都也是严格管控车辆的客货混搭，有预防车辆安全行驶之策。

到了民国24年（1935年），四川建成的公路可通达的大小城市，县城已占全川县市的百分之三十八。这已说明，成都的汽车拥有量还在增加，同时，客观形势也对汽车行驶安全提出了更加严峻的

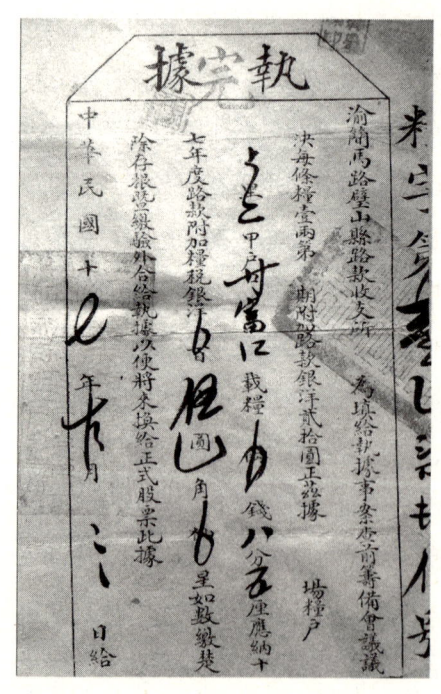

图9-5

要求。（图9-5）同年，苏、浙、皖、京、沪五省市交通委员会率先绘制了公路交通标志和号志，后来成为全国公路统一设置交通标志和号志的范本。民国26年（1937年），四川公路局也制定发布了《路线设备标准图》，其发布的内容，有警告标志10种、禁令标志10种、指示标志8种、号志4种，并制板竖立于公路，列为路政管理的重要设施。（图9-6）成都实施公路标志和号志管理后，把其纳入"汽车驾驶术"的考照和验照的重要内容，如此看来，在成都民国时期，想要学习汽车驾驶术的难度又进一步增加，非一般智慧和刻苦韧劲，是拿不到汽车驾驶执照的。

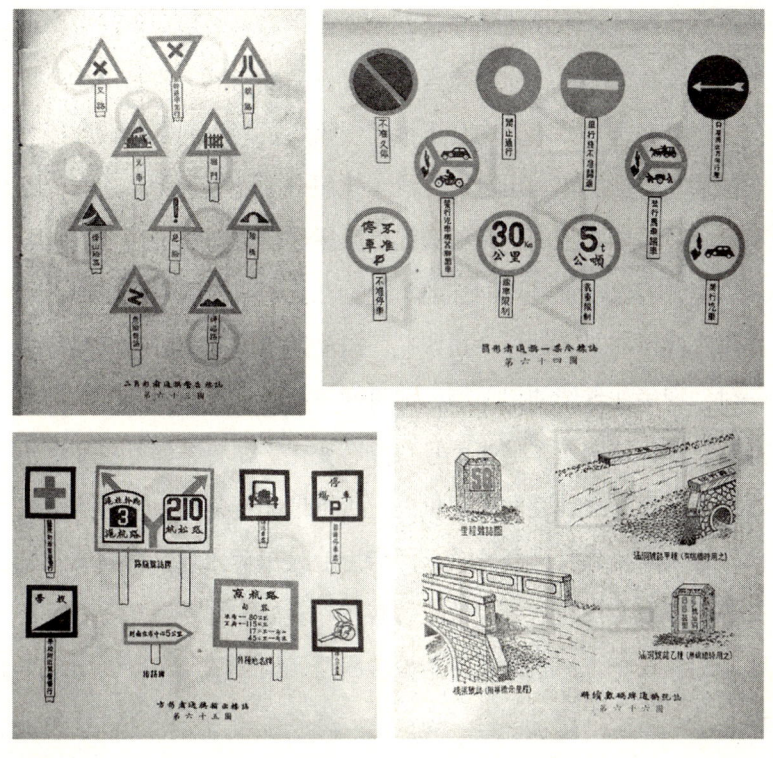

图9-6

学驾驶人学到驾车术不易，汽车经营公司的营运也非易事。除对聘用驾驶员担保行车规范和行车安全的连带责任外，对于汽车执照的取得，汽车的初次登记、登记领牌、车辆年检、车捐的支付，以及车辆因故停用等事项也均是规矩繁多。就汽车领取执照，其登记原则有三项：第一项是关于车主，包括子项是姓名、籍贯、职业地址，及住所地址，并电话号数等，填写后并须签字盖章，以示慎重；第二项是关于司机，包括司机姓名、领证机关，并驾驶执照号数等；第三项是关于车辆，包括牌子、年份、气缸双数、马力、车类，其"车类"指A、B、C、D、E、F六类，引擎号码及位置，驾驶者位置——指左位置还是右位置，车轮种类——指钢丝、木、铸钢车轮，车身重量等。如是运货汽车，则须另量车身大小、轮轴距离等。（图9-7）

　　汽车在千辛万苦之中登了记，便领到了汽车的号牌，分挂汽车前后。当挂牌车辆出行时，汽车执照必须随身携带。这时，还有一点是不能忘记的，车辆登记后须缴付车捐，付捐后才能领取捐牌，并与汽车前号牌同挂前车保险杠。再有一项不得忘记，须在汽车执照内页，贴好付捐印花，以供路检等使用。该车捐每季一付，期满如继续使用车辆，即再缴车捐并须挂新捐牌于车头，那就是说，每辆汽车的捐牌号每季有变化。如有车辆暂不使用，得快速将汽车号牌交回发照机关，否则谓之"漏捐"。如当车主汽车因故停用，又因经营需求而借用他人车辆代替，须向领照机关申请领取专用通行证，谓之"替车"。如你在"替车"之后，想与他人换车，那就得另行走检验程序，谓之"调车"。如果车辆易主，所走程序，谓之"过户"。汽车行路与手续却也繁多，

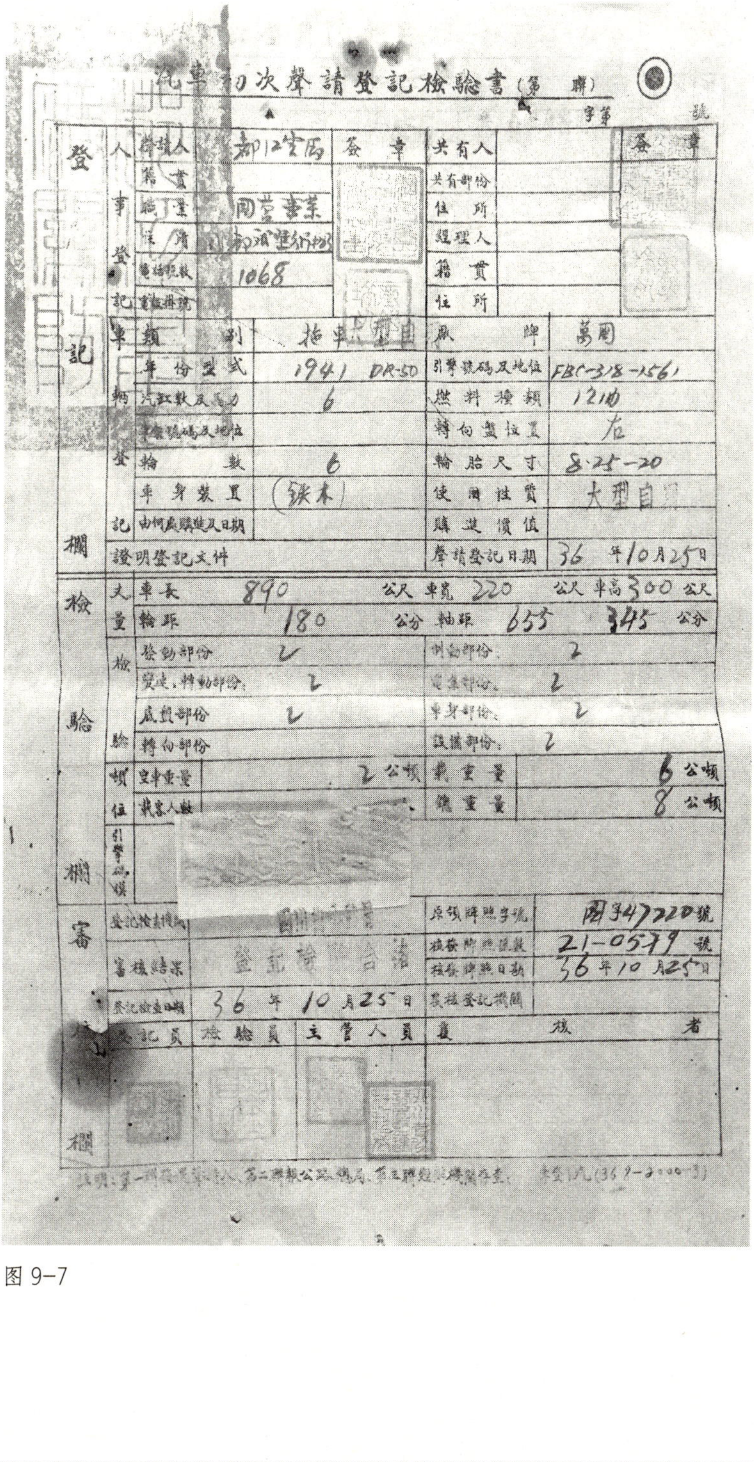

图 9-7

而且要求车主不可不知，车主如有忽略任何一项事务，那将百分之百地被处罚及警告。

民国15年（1926年）1月，成都市政公所颁布了《汽车暂行章程》，其内容有两大类，一是当局如何对汽车之管理，二是车辆所属方的营运规则。并对行车的指挥、车辆肇事的处理、车辆的检查、驾驶员的技术考察等等做出了具体规定。民国18年（1929年）9月，鉴于成都时有汽车在城内街面屡肇事端，成都时任当局又出了汽车规则，并要求无论何种汽车，不论营业还是自用，均须将驾驶员送市府考验。民国20年（1931年）10月再次出规则，定出"未经本府考验合格之司机生，在市区驾驶汽车者，一经查出或经人告发，定予传讯加倍处罚；甚或酿出伤亡肇祸事情的，尤不得援汽车伤人处理规则，应以故意伤害人罪论，其公司主连带负咎"。此规则并在民国20年10月6日的《新川公报》上予以公布。看来，成都民国时期的驾车术不易，而汽车公司的营运术更加不易。或许就是这两个"不易"，让成都人才更加坚强和智慧。

成都民国的驾车术真的是难以驾驭，一般人不可去染指的，它很技术、学术、艺术……

成都人的『车风景』

什么叫作成都人的"车风景"呢？就是指成都历史上曾有较多人总爱"与车合影"。而且这种与车合影是心中有梦想的无意识表达，这个梦想就是爱车，爱各种各样的车，有小汽车、大卡车、大货车、大客车，甚者包括拖拉机和自行车等等。

其实，成都人的这种行为，更是一种社会生产力总在其灵魂深处流淌着的反映，汽车是现代化的象征，成都人当然渴望着现代化的未来。无独有偶，今天的成都竟然就是一个十足的汽车城，一是人均私家车拥有量居全国前三名，二是成都出品的小汽车和大客车年生产量均超百万辆。或许是成都人有着如痴如醉地爱车历史，才姻缘般地把成都引向了汽车城这个方向，这个"引向"的过程之中，该有着多少与车合影的影像和故事呢。

成都人爱汽车，而且对拥有汽车，更是情有独钟。爱汽车就得修路，早在民国2年（1913年），湖南开始兴建长沙至湘潭公路，被誉为中国第一条行驶汽车的公路。而成都呢，四川督军兼民政长胡景伊也在同年就开始筹建成都至灌县的马路了，并委派巡警总监戴鸿涛为总办，聘主任技师刘锡松勘测，路线自成都老西门起，经犀浦、郫县、安德铺、崇义铺至灌县，线路所经4县，全长55公里。其施工最初从灌县伊始，刚修建1公里多，因胡景伊去职而停建。时至民国11年（1922年），时任四川省长刘湘设立四川省道局，便请第三军军长刘成勋筹办成灌马路，但又因战乱，库款空虚，成灌马路的施工异常缓慢。民国13年（1924年），杨森督理四川军务时期，成灌马路的筹建才有了明显起色。

他本人亲任中华全国道路协会四川道路分会名誉会长，拨款数千元赞助成灌马路工程，使工程快速进展到崇义铺，总算建成14公里。后又因工程资金异常短缺，杨森决定招聘商股，进而又形成了官商合办成灌马路的格局，促成成灌马路的成都一端进入了施工阶段。时至民国14年（1925年）末，历建12年的成灌马路终于勉强能通车了，成都第一条行驶汽车公路终于建成。这条成灌马路建成，就是成都人爱汽车的开始。

民国15年（1926年）元旦，成灌马路建成还没几天，成灌马路长途汽车公司宣告正式成立，公司的体制实行"官督民办"，公司设在成都泡桐树街1号。该公司成立当天，也是开行成灌马路大客班车和小汽车出租营业的时刻，所以成灌马路的通车典礼特有其意义，当时的江防司令黄隐亲自剪了彩。成都人就这样第一次拥有了自己的汽车。

成灌马路长途汽车公司当时是到上海采购汽车的，有8辆1.25吨福特汽车和1辆英制奥斯汀小汽车。其福特汽车为四缸发动机，有高速、低速和倒车三个操作排挡，车辆设计时速25公里，16座，车厢中间有行李架。唯一的小汽车是奥斯汀1214型，由于资金有限，这辆小汽车买的是二手旧车。正当成灌马路长途汽车公司开业后的半个月，成都华达汽车公司在市内开行了6条公共汽车线路，这个公司同成灌马路长途汽车公司同批去上海采购了7辆福特汽车作为公共汽车线路之用，并创造性地在民国15年1月26日的《民国公报》上，刊载了成都市首部公共汽车搭客办法，该办法的标题叫"街市汽车搭客办法"。

成都就这样建成了中国的第二条汽车公路；成都人就这样在

这条汽车公路建成后，雷厉风行般地开办了两家汽车公司；成都人就这样踏上了爱车之路。成都人的与车合影，或许就从此时开始萌芽了。（图10-1、10-2、10-3）

成灌马路长途汽车公司、成都华达汽车公司，是成都最早出川赴上海购汽车开行公路客运班车和城区公共汽车班线的公司。尾随其后，成都又有几家新成立的汽车公司也纷纷赴上海或武汉，向外商汽车经销商订购汽车。民国16年（1927年），中华全国道路建设协会四川分会会长周道刚看到了成都人对汽车的热忱，便投资在春熙路开设了益蜀公司，专门经销美制福特汽车。周道刚开设了成都第一家做汽车买卖的公司之时，成简、遂简、合达、利民、安利等汽车公司正在筹建之中，便纷纷向益蜀公司订购汽车，成都开设的第一家汽车经销公司，招来了成都人的喜爱。

一年后，外商也开始眼红了，跑来成都，委托成都的汽车经销商帮其推销汽车，更有甚者，在成都设立分公行或经理处，直接推销和经营各自品牌汽车。民国17年至民国22年（1928—1933年）这5年间，外商在四川设立汽车经销商行已达数十家，其中在成都的就有美商美信洋行华西经理处，该处设址成都西玉龙街91号；美商其昌洋行也快速到成都，设址成都东御街，专门经销福特大小汽车；成都飞轮公司却做了周道刚的益蜀公司的邻居，设址成都春熙路专门经销雪佛兰汽车，这家公司虽取名很中国味，但却是一家地道的美国通用汽车的经理处；成都达川公司经销美制惠伯脱汽车，公司设在成都西胜街。看到民国时期成都就有如此多家的外商汽车经销商，有人说，那是周道刚惹的

图 10-1 　　　　　　　　　　　　　　　　　　　综合档案馆　供图

图 10-2

图 10-3

祸，他还是清末四川的督军。其实，这也是成都有了对汽车需求的市场，当然，外商们对市场是无孔不入，也在推波助澜。就在这个时刻，成都人与车合影的客观条件，也日渐成熟了。

每当天气较好的时候，在城里居住的富庶居民们便与自家的爱车或朋友的爱车合影留念，享受自己的富庶生活，当然也有炫耀生活的心态。他们选择的车型为高档的小汽车，有奔驰、福特、雪佛兰、奥斯汀等等。有钱的或有条件的就这样能常常与车合影，而没有条件的成都居民便到小相馆去与车合影。那时，开小相馆的也是精明商人，更是善于发现商机，于是乎，有的小相馆便纷纷把小轿车搬入相馆里，所谓把小轿车搬入相馆，就是相馆小老板亲自动手制作纸板小轿车模型，再用画笔临摹当时的知名小轿车的相片，再用自己的座式相机试拍几张，一辆全新的小轿车便在小相馆里落座了。每当兴高采烈的人们从相馆取走自己与车合影的照片时，心中总是阵阵喜悦，照片上的小轿车仿佛比真车还要光辉。其实，在今天想象着那时普通市民去相馆的样子，也是很有趣味的。当照相时，只见有人从纸板车模后面伸出头来，面带微笑，再"咔嚓"一声，一张你坐在小轿车里的幸福样子，就永恒地留在照片里了。（图10-4、10-5）

后来，成都人的这种爱车和与车合影的习惯，竟然也从民国时期滑入了新成都。1957年5月1日，成都兴办了一项全新的公共交通服务项目，那就是成都小汽车出租站在后子门开业，当时共有9辆小汽车供市民们租用，其中最为亮眼的，是4辆全新德国奔驰220a/w180型小轿车，其余的还有福特、雪佛兰等旧车。（图10-6）

图 10-4

图 10-5

图 10-6

在20世纪50年代的成都，政府就敢于采购世界上通常是国外大财团才使用的专车用于为民服务，可见成都人对汽车的爱是如此深刻。再有，这家小汽车出租站除开展正常的租车业务外，也在无心和无意之中，又增添了一项服务内容，那就是当了市民们照相的模特儿。尤其是那几辆全新的奔驰小轿车，常在后子门的候车点或街头巷尾送客候车时，只要有稍长的时间在路边停靠，那一定会有三五成群的人，悄然靠近，与车合影。在20世纪50年代的老成都，它的街头巷尾竟有奔驰小轿车，那种耀眼和奢华，是今天人们难以想象的。所以，那时的市民的与车合影也再合理不过了。

成都城里人有条件和机会便与小轿车之类合影，那没有条件的人呢，那当然是创造条件了。在成都周边的场镇上，三线建设的工厂职工们，他们就想方设法与他们认为最先进的大货车来个与车合影，大货车也是汽车嘛（图10-7、10-8）。找不到大货车的人，找辆拖拉机也要与车合影，更甚者，与自行车来个与车合影的也数不胜数，更让人无法想象的大胆是，成都人画个飞机来合影（图10-9、10-10、10-11）。

这些与车合影，都是成都人爱车惹的事。学者、诗人流沙河在他的《轮之忆》里有一段记叙，生动地展示了20世纪50年代爱车的成都人。其中说："此前在街上被四轮运转，此后到路上去运转二轮，苦乐悬殊，自不待言，但都与车轮有关联。透过汗睫，目送公共汽车驰过，方觉那些乘客何等可羡。难怪从前乡下农夫竟专程来乘坐公共汽车的，上车买票，问他到哪一站，他说：'管他妈的，坐3分钱。'他深感车轮上有幸福啊。"多么

图 10-7

图 10-8

图 10-9

图 10-10

图 10-11

有趣的爱车叙述，多么爱车的成都人。

1979年10月1日，成都小汽车出租站停业20年后，终于复业了，在成都市政府的调剂下所购得的10辆上海牌小轿车在盐市口开始了营业。其服务方式就是学习渡船的方式，从盐市口到火车北站往返摆渡，单边运价2.8元人民币。这10辆上海牌小轿车出租业务的初期，也同20年前奔驰小轿车出租业务一样，业绩不理想，但市民争先恐后般地跑来与上海牌小轿车与车合影的倒是不少。笔者曾采访过成都小汽车出租站复业的第一位站长柳发铸，他说，他们当初也制作了广告牌四处发布，但来租车的依然不见明显增加，但也弄巧成拙，他们打出的广告招惹了更多人来与车合影。当时的驾驶员们心头十分不爽，一天拉不到几个客人，跑来跟车照相的人倒不少。但柳发铸站长是很开明的，开导驾驶员们说，别人不坐车，跟你的小轿车照相作个留念，我们也是在做好事，服务了潜在的客人。后来还更是开明地说，市民们跟我们的车合影是帮我们打了活广告。后来，柳发铸常听到驾驶员汇报说，他们有租车业务去工厂时，好像全厂职工都跑来与车合影了，他们工会的照相机照个没完，驾驶员还戏笑说，我们柳站长的"活广告"打惨了。（图10-12、10-13）

从此，柳发铸的驾驶员们是开开心心让市民们与车合影，那一场场"活广告"，后来是"活"在了成都市民心中。其实，爱车如痴的事件同样发生在这家小汽车出租站的内部。该站原经上级领导认定，将于1979年国庆节开业，也算是给成都国庆节的一个礼物。但开业时间忽然提前了两天，让新闻报纸感到纳闷。当时参加小汽车出租站复业筹建的首批驾驶员只有两人，一位是

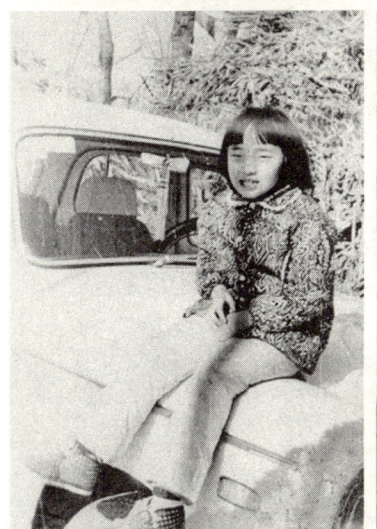

图 10-12

图 10-13

女驾驶员刘能英,另一位是男驾驶员毛德明。恰恰就是这位毛德明,擅自让小汽车出租站开业时间忽然提前了两天。毛德明跟着柳发铸站长做筹建工作一年多,他被没车开逼疯了,当他亲眼见到上海牌小轿车之后,更加疯狂已是他唯一的出路。

1979年9月29日,异常疯狂的毛德明偷开了一辆上海牌小轿车跑到了成都火车北站一带拉客营运,挣了不少的钱,且如数交给了单位的财务出纳员。这是典型的偷开营运车和违规的义务劳动。毛德明为何要去"义务劳动",显然不是他在挣表现,而是他太爱车了,不去偷开一次上海牌小轿车,仿佛他就不是成都人。同时,他也有强烈的熬不过去的感觉。好在与他同样爱车的直接领导柳发铸帮他打了个掩护,对外界以及新闻媒体说,是他让毛德明去开车试营业一下,否则,毛德明"义务劳动"是要被组织处分的。但毛德明在他浑然不知的时候,却当上了成都改革开放后的"第一的哥"。

然而,事物仿佛总爱开玩笑一般,不几年,爱车如痴的毛德明竟然也有了接班人,接班人还是辞掉了国营省级企业的"铁饭碗"后下海买车当的哥。这个接班人,就是开出租汽车快40年的江茂成和赵国成。尤其是江茂成,最先辞职买了一辆南斯拉夫的二手红旗牌轿车,心满意足地当上了的哥。两年后,他把同厂的师兄赵国成拉下海,两人曾同开一辆车数十年,天知道是必然还是偶然,因为爱车爱开车,竟然双双又当上了成都市劳动模范。当时成都的哥总量超过了3万大关,但只诞生了这两位的哥劳模。两位的哥年轻时,同厂工作,当的哥同车,就连当成都劳模也同时,这个故事发生的概率太低太低,但它却发生了。他们

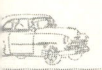

图 10-14

因为爱车而当的哥,而成都的小轿车仿佛知晓感恩一般,把他俩一起载入了光荣的劳模史册。(图 10-14)

  时至 1984 年,成都小汽车出租站的小汽车配备已到 43 辆,在积累了大量小汽车出租管理经验和办法的同时,更是赢得了乘客和租约单位的喜爱,营业指标连续几年超额完成,人均利税在全公共汽车公司排名第一。更甚,1984 年 12 月 25 日这天,成都小汽车出租站从 1957 年开业,经 1979 年复业,时至此日,它又对外宣布将被注销了,但它将以全新的姿态出现于成都。1985 年元旦,脱胎于成都小汽车出租站的一个全新公司诞生了,它叫"成都出租汽车公司"。这个公司是成都市第一个标准化的出租汽车企业,成都叫了几十年的"小汽车出租",从这天起,终于改叫"出租汽车",在营运车辆的头顶上,也有了"TAXI"这个国际化的标识。次年又再一个次年,成都的出租汽车公司犹如雨后春笋,重生于成都的大街小巷。

德国驻成都总领事馆总领事施恪博士热爱艺术,2018年初,他拿摄影作品参加了"社会与变迁"中德摄影艺术展,有幅作品叫《看车去》(图10-15),这幅作品太成都了,施恪博士真不愧是长住成都的人。作品让读者满眼是成都街头的车流,且又妙趣横生。画面是两位大妈背上孙子辈汇入车流,津津有味地看着流淌的车,就连背上的婴孩也好奇地望着那个"乱跑"的玩具。施恪博士的摄影作品是精彩的,一抬手,就抓住了成都人的特性,那是多么生动的成都"车风景"。从民

图10-15　　　　　　德国驻成都总领事馆总领事施恪博士　供图

国就开始爱车的成都人,一直有着巨大的惯性,而且持续滑入了今天,现在也依然看不见它有停止的迹象。

成都人是真的爱车,那么多与车合影的动人故事,而且还一代一代传承着,更是诞生了成都人的车风景。

鸡公车也是『的士』

鸡公车是典型的川西农耕文化的产物，在川内知名度颇高。据考，它与我国东汉时期创制的鹿车和三国诸葛亮在巴蜀境内制作的木牛、流马，有着承袭相沿的关系，它们的共同特点，就是独轮。

东汉时期创制的独轮车，因是轮子向前滚动，称它为"辘轳车"，后又简称"辗车"或"鹿车"。东汉应劭《风俗通义》中说："无牛马而行者，独一人所致耳。"说明鹿车轻便，可一人推着走。

据史书记载，木牛、流马是三国蜀汉诸葛亮率军出祁山，北伐曹魏时，为解决粮食运输而制作的一种适合在蜀道上行驶的运载工具。木牛、流马是两种运输工具，其结构有所不同，但共性是独轮。宋代高承《事物纪原》说："蜀相诸葛亮之出征，始造木牛、流马以运饷。盖巴蜀道阻，便于登涉故耳。木牛即今小车之有前辕者；流马即今独推者。"两者的主要区别在于，木牛有前辕，行进时，人在后推，另一人或畜力在前面拉。流马没有前辕，仅靠人推。

川西鸡公车呢，在宋代《后山谈丛》中说："蜀中有小车，独推，载八石，前如牛头，今之大车，犹存有诸葛亮遗制。"这就是说，川西独轮鸡公车，其结构犹存有诸葛亮制作的木牛、流马形状。鸡公车有两种，一种是宽架鸡公车，载重量大，强壮者能独推上千斤；另一种是窄架鸡公车，车架前窄后宽，适宜一般劳动者独推，这种窄架鸡公车使用范围最为广泛。至于川西鸡公车的取名，据民国传说，是因其车轮滚动时发出的声音近似鸡叫

图 11-1 　　　　　　　　　　　　　　综合档案馆　供图

而得名。而关于鸡公车使用技巧，川人也是编出了歌谣，更是朗朗上口——"一要眼睛灵，二要手撑平，三要脚排开，四要腰打伸，上坡腰扛下，下坡向后奔，背带腰绷紧，平路稳倒行，转弯游侧碾，早把路看清，推车本不难，只要有决心。"（图 11-1）

　　成都平原自明清以来，由于地产丰富，物资交流活动更加频繁，商业气氛愈加浓厚，所以鸡公车的使用队伍更加庞大起来。其队伍庞大了，就有了分工，逐步从推车的副业中分离出一种专业，进而形成了鸡公车的使用人员有专业和副业之分。专业人员大多在城市和区乡集镇，靠推车为生。加之成都在明清时期已经成为一座较典型的消费城市，市民的一切供给，多依靠城郊的鸡公车运输。据了解，当时从广汉至成都的鸡公车夫，可推载七袋大米和九捆烟叶，有一千斤多一点，

图 11-2

三天可行至成都，力资收入八百文。返回广汉时，又载棉布、日用杂货，一个月推车二十多天，除路上食宿开支外，剩下的钱，勉强维持一家人生活。（图11-2）

到了民国时期，川西鸡公车队伍进一步壮大。据民国22年（1933年）国民四川省政府建设厅统计：全省各地有十六万五千九百五十六辆，并指出，"这些鸡公车当时主要担负城乡之间的货物转运，有时也搭载短途旅客。"这段描述也说明了鸡公车是川西重要的传统货运工具和客运出租交通工具。

就在成都平原20世纪七八十年代，川西鸡公车仍在乡镇公路和乡间田埂路上较多出现。笔者于1970年代后期在成都平原乡镇当知青，其生产大队上就拥有数百辆鸡公车，每到大春小春上公粮时，颇为壮观，浩浩荡荡，鸡公车的上粮队伍有半里长,吱吱嘎嘎的声音传得很远很远,缭绕于川西坝子的林盘。上公粮时,每家壮劳力都很积极,因为公社粮库的午饭是慰劳餐,敞开吃,有很多推鸡公车上粮的劳力,除了用力完成生产队的派工任务外,就是为了那顿大餐而去。鸡公车推人出门我也是亲眼见过,当知青时哪个生产队如有哪家人病了,也多是推着病人赶往县医院。

回忆鸡公车的这些往事和功能体现,仅是说明了它是成都平原的运载工具而已,可载货,有时也载人。但鸡公车跟"的士"有什么关系呢?

"农村包围城市"这句话谁人不知来历,这时用来形容当年的鸡公车也是的士倒合适。随着成都县在清代时期的经济、人口增加后,鸡公车慢慢地要进城了。但当局不许可,怕它铁箍包裹的车轮辗坏城内石板。其实,鸡公车的"农村包围城市"就是它将要成为"的士"的原始阶段。

在成都街道建设的历史中,确实有爱铺设地砖或石板的现象。南宋淳熙四年(1177年),著名诗人范成大任成都制置使,曾经用烧砖铺设了成都的主要街道14条,计3360丈,是成都史上一次街道建设的重要事件。

继南宋成都街道铺砖之后的又一件大事,就是清乾隆四十二年(1777年),由四川布政使查榕巢主持的成都街道铺设石板,工程竣工后还规定车辆不得入城,还特别针对了鸡公车,怕鸡公车的铁箍轮辗坏城内石板。那进城货物咋办?靠肩挑背驮。为了方便"背背篼"的入城歇力,在街道建设中也设置了一些半人高的石柱供背夫歇息之用。

图 11-3　　　　　　　　　　　　　综合档案馆　供图

图 11-4

不许鸡公车进城，是保护街道石板的办法，更是"堵车"的办法，所以这样"不许"很难落实，常见鸡公车见缝插针般在小街穿行。但其结果如何呢？有一例可以说明：成都曹家巷并没有曹姓人家，据《成都城区街名通览》记载："1990年地名普查中，经查，在巷南诸多大院中，无一曹姓人家。据七十高龄吴姓老人援引其母之回忆说：'清光绪末年，在巷西端陡坡仅有几十米从桥头上铺下的石板路。其余为土质路面，并无巷名。'当时交通工具落后，重载运输多用鸡公车，年深日久，石板路上形成了条条沟槽，故后人以槽字的谐音称为'曹家巷'。"

"堵车"是堵不了鸡公车的！显然有了大量的负重鸡公车碾压，才可能形成沟槽，鸡公车不得入城能办到吗？其实，就在那个时候，鸡公车已开始了载客营运了。就在这个时候，鸡公车的功能也开始分离，分离出一个专门载人，让人乘坐舒服些的鸡公车。载货的鸡公车叫高车，又称"羊角"，用于乘人的叫矮车，又称"牛头"。从设计上就有了明显的区别，而区别主要在鸡公车的"乘"与"载"方面体现。载货的鸡公车中央有一结实支架，便于左右负载平衡和捆扎。而专用载人的鸡公车无此支架，却设有坐人的木质靠背，便于乘客舒服乘坐。（图11-3、11-4）

1906年至1909年，晚清时在成都任教习的日本人中野孤山，在其《横跨中国大陆——游蜀杂俎》中，就有一段对鸡公车在成都城区营运的生动描述，"蜀都（成都）街道完全用石头铺成的。比如东大街又宽敞又漂亮。其街道的中央，有一条笔直的沟道，这就是车道。独轮车经常沿着这条沟道搬运货物。我国的车有两个轮子，是拉着走的，而蜀地的货车是一个轮子的，从

后面推着走。运送时，可以一直看守着装在车上的货物，有时，还用独轮车载人。这种时候，一般要在车上牢牢地捆上一把竹椅子，让人坐在上面，推着车走。"

在此，可以说说成都民国时候的乡农市街了。当时的乡农市街由于地处西门之外的交通要道而被称为"车码头"，这里的所谓"车"，一是当时的运客主力黄包车，甚至多有可跑长途；二是民国14年（1925年），成灌马路刚刚勉强建成，开设了成都第一家客运汽车公司，开跑成都到灌县沿途客运汽车；第三呢，就

图 11-5   陈家林　供图

是川西坝子的鸡公车了,当时在成都郊外,已是大行其道,在便于人们出行的路边,常是成队候客"打的"(图11-5)。

在乡农市街周边候客的鸡公车们,时至20世纪50年代的新成都也依旧活跃着。20世纪70年代,成都西城建修队有位工人叫刘凤德,他曾被抓壮丁去了19路军78师当兵。成都解放后,便一直在乡农市街一带推客运鸡公车,直到1955年被相关劳动部门安置在成都兵建修缮队当保管员,又于1970年转调成都西城建修队工作。自食其力的刘凤德推客运鸡公车整整有5年,没有乱收过一分钱,是个吃苦耐劳的人,但他也犯过唯一一次"错误",那就是他的户口填写有些不清不白,被叫到王家塘办事处学习了一个月。

在晚清和民国时候的青羊宫花会和劝业会期间,鸡公车更是与黄包车、营运轿子、客运马车组成了晚清客运交通的"清明上河图"。《锦官城遗事》一书中的"成都庙会",有一段文字:"出柳荫街眼界猛地就开阔了。右手这面是巍峨而整齐的城墙,城墙下面是贫民开辟的菜圃和一家家茅草房。人多路窄,菜圃中早踏出了一条丈把宽的土路来。一辆辆仿制的木轮裹铁皮轴的'土东洋车'、吱吱嘎嘎叫着的'鸡公车',滴滴答答跑着的'溜溜马'……嘻嘻哈哈都在这条灰路上走……"

还有一段文字又说:"此前赶庙会,由老西门及南门出城,都要蜿蜒数里才能到会场,轿子、鸡公车、'溜溜马'、游人挤成一团,劝业道于是在老南门外锦江北岸筑起长三里余的马路以达青羊宫东面的马家花园,又由商人自上海淘回新式四轮马车载人往来……"

这两段文字都是描写清光绪三十一（1905年）年青羊宫花会和劝业会的客运出租交通状况，很是生动有趣。

民国时期的成都《竹枝词》这样描写当时的成都鸡公车："成都女儿颜如花，成都城外鸡公车。跨上车来如骑马，一会抖罢一回麻。"多么生动的诗歌，让人边读边遐想。抗战时期，著名作家叶圣陶对川西的鸡公车印象极深，民国29年（1940年）在任四川省立教育科学馆专门委员时，也首先在乡农市街的"车码头"租坐鸡公车去郫县、灌县、崇宁县、彭县等地视察中小学教育，并写成《成都近县视学日记》。就在那年深秋，叶圣陶从崇宁城起身，在乡间竹影斑驳的土路上逶迤而行，坐30里路的鸡公车，车价3元钱。可见，叶老对鸡公车的情有独钟。著名学者冯广宏先生也把鸡公车作为老成都的典型印象之一，所以才有"蛙井牵轳低晓月，鸡车唱辙越高桥"的诗歌描述。（图11-6）

图11-6　　　　　　　　　　　综合档案馆　供图

铁板钉钉,鸡公车就是当年的出租交通工具,并与黄包车是肩并肩的铁伙伴——的士车。

在抗战时期,还有人叫鸡公车是"英雄车"。民国26年(1937年)抗战全面爆发后,当时的四川省主席刘湘率30万川军出川抗战时,四川军民做出了巨大牺牲,在何应钦的《八年抗日之经过》中载,抗战8年中,四川(包括西康省)提供近300万兵源,出川川军伤亡人数约为全国抗日军队的五分之一。在此过程中,作为重要运输工具的就是鸡公车,它发挥了极大作用。川军出川时很多人就是推着鸡公车奔赴抗日前线,甚至长途跋涉两个多月才到达山西前线。今天的建川博物馆收藏了一张川军抗战时的老照片,一队士兵推着鸡公车运送军需物资行进在往北路上(图11-7)。四川后方民众则节衣缩食,在川各地都能看到无数乡民为交纳粮赋络绎不绝地推着鸡公车,把粮食送到征收

图11-7

处。仅民国31年（1942年），就供应军粮1600万石。在抗战时期的新津机场，常见新津县农民用鸡公车把生猪推来机场，保障了美国空军的食肉供给（图11-8）。该机场的美军B-29轰炸机群，在1944年6月至12月，全面轰炸了日本本土和日占区，共投弹3626吨。

川西坝子的鸡公车既货运又客运，甚至还当上了"英雄车"。

图11-8　　　　　　　　　　　　　综合档案馆　供图

民国时期的『共享单车』

什么叫"共享单车"呢？单车就是自行车，这个叫法不是今天的新玩意儿，成都早在民国初期就把自行车叫"单车"了。如果把这个"单车"拿来出租，有长租的，也有短租的，显然这个"单车"是被人们"共享"了。在民国期间，成都的自行车也是这样被当时的人们租来租去，只是当时没有发掘"共享单车"这个名词。说成都民国就有"共享单车"，首先看单车是否是出租交通工具。其次，再看是否每辆自行车被多人租用，让人们"共享"了它。回答是肯定的，民国时成都的自行车早已当上了出租交通工具，早已被"群众共享"。那民国时的自行车又是如何成了"共享单车"的呢？

说自行车也能成"的士"，而且还归类于的士祖先类，让一些人听到纳闷。好多人都会以为，自行车在成都出现已是解放后的事了，在20世纪七八十年代风靡成都。在那时，成都东郊上下班的高峰期，是自行车的海洋，公共汽车只是海洋中的一只只小船而已。所以，现在的人叫自行车就是自行车，没有其他的叫法，你要说它什么时期"的"了一回，无非是做了回"钯的"，就是人们所叫的"钯耳朵"，也叫"偏三轮"，但它也不是的士祖先呀？

开初，笔者也这样认为，根本没想到它有什么资历做的士祖先。但后来变化了。

其实，自行车来成都非常早，查看好多书，都说是在国民12年（1923年）前后，就是当时轿子、马车、鸡公车风行的时候，黄包车也处在被轿子之类"压迫"的初期阶段，可见自行车在成都，也只算挤入当时民国初期的交通工具的行列。至于能否列入"的士"，还叫它"共享单车"，确实需要论证。

《成都掌故》作者之一的李英老先生，在该书中的"清末民初的成都市井风情"组文中，就有一段文字叙述了成都最早的"洋马儿"。他说："记得是民国12年，我在成都初见自行车。那阵成都人谁也不把它叫自行车，而是叫作'洋马儿'。当时《川报》有文字介绍，'西人有奇技，能以钢铁制两轮两角之怪兽，人乘其上，行走如飞。'"

接着李英老先生还有文字又说，"那阵，在成都销售的自行车，大都来自英国、美国和日本。英国自行车有'双枪'（其实叫'三枪'）、'飞利浦'，美国的自行车有'红手'，日本的自行车有'菊花'。在下东大街有个著名商号叫'马运隆'，算得上是最早卖自行车的商行。自行车经销商也有促销的奇招，他们聘了几个杂技演员，天天在少城公园做车技表演，引起大批游客把他们团团围住，里三层外三层，轰动一时。杂技演员还义务收徒，每天来学的人成群结队。不久，自行车作为交通工具就逐步流行起来。"（图12-1）

李英先生在他的《轿子风行一时》中又说，"20世纪20年代，成都修了马路，黄包车出现了，还有了少数自行车，轿子就逐步在成都消失了。"这段文字说明，经过8年的自行车经销商努力，成都"还有了少数自行车"。

把自行车叫"自行车"，当然是西方科学与设计界的标准称呼，在成都官方也叫自行车，在民国初期老百姓要叫"洋马儿"，到民国中后期，也有的叫"单车"或"脚踏车"。就如同

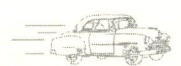

图 12-1

叫"火柴"为"洋火",叫"肥皂"为"洋皂",把西人的一切东西前都加个"洋"字。就像黄包车一样,官方叫人力车,但全国各地老百姓都习惯于地方的叫法,成都、上海叫"黄包车",天津叫"胶皮车",北京、哈尔滨叫"东洋车",上海最早还叫"手拉车"。自行车还有的叫之"脚踏单车",很形象,用脚力踏动,一个人乘之,当然叫"脚踏单车"了。

李英老先生在《成都掌故》中有文说,1923年成都开始有自行车了。笔者想他主要是说成都那时有商行专营自行车了。

其实,成都有自行车进入还要早得多,这就得再说到一个人,他就是从英国来到成都华西协合大学任教的苏道璞。他是受英国天主教公谊会派遣,于民国2年(1913年)到成都,在华西协合大学工作生活17年,先后担任过华西协合大学化学系主任、理科科长、副校长。他最爱的出行交通工具,就是他从英国带来的三枪牌自行车。这辆黑色的三枪牌自行车，早于成都商行专营自行车的时间有10余年。他带自行车来成都时，轿子之类正在盛行之中，但苏道璞总是骑乘自行车，从不坐轿子，哪怕是到数百里之外的异地也如此。有一年，苏道璞同成都公益会代表会去三台县，300余里来回，他都骑自行车。那个时代，成都的自行车"洋马儿"仅有几辆，数也数得清。再有就是邮政局了，邮政员的自行车是国民政府配备的先进投递交通工具。所以，自行车很是惹人眼，是种奢侈品，更也惹了歹人的歹心，苏道璞就是被歹人盯上了他的自行车，被抢了，同时也抢了他的性命。

文稿写到这儿，人们问，知道了成都何时有了带入的自行车，何时有了商行专营自行车，但跟文章的"共享单车"有什么关系呢？是的，应当回答这个问题了。

笔者曾在撰写"的士祖先们"之时，没有探明有自行车，着手加上自行车是"共享单车"，是有了新发现。

2014年10月，笔者偶然发现了两张自行车租车定额收据。当时眼前一亮，见了全国各地的黄包车、三轮车票，还有各种渡船票，今天算是第一次见到自行车的租车票据，真算是大福了。这张票据尺寸不大，基本是方形，大约长宽5公分左右，它是简阳县运输公司自行车门市部的"租车定额收据"，繁体字，票面值为壹角，编号是NO.00021324，预判这张票据为20世纪50年代使用的。另一张自行车发票是成都西御街48号的租车点开出的，租车收费壹角捌分钱。（图12-2）它难道告诉我们，"自行车"也曾"的士"过？

就是这两张票，让笔者查阅了许多资料。时想，如果仅是这

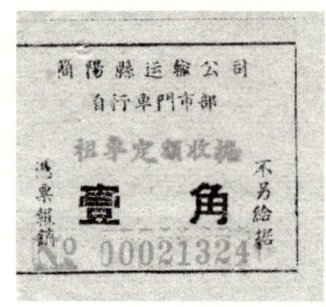
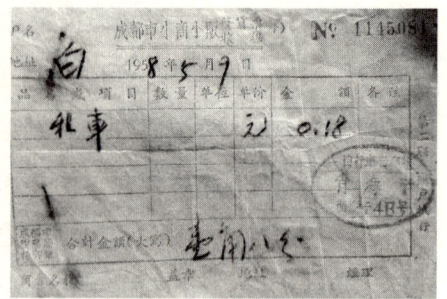

图 12-2

两家店铺异想天开地开展自行车出租业务,他们有代表性吗?紧靠一张票据写这个章节显然太单薄了。也想过放弃,但又不甘心,在矛盾中纠结着。

刚跨入2015年,做纸典收藏流通的小陈交给笔者一大扎用玻璃纸包裹的民国时期票据,这些票据品相颇好,内容丰富,笔者当然是兴奋地挑选着。就是这样的"选"才有了意外。这堆民国票据中,竟然有出租自行车的,有修理自行车的等等。共找到好几张,票据的开出方有成都的,也有灌县的。在成都长顺上街92号的治平工业社开给都江电厂的票据上,有着:"承租:自行车八月一日起至八月三十一日止,共租叁拾捌点零贰拾伍分,金圆壹圆壹角陆分正。"票据开出时间是民国37年(1948年)8月31日。此票并贴有中华国民印花税费三张。还有一张是蓉安车行开给都江电厂的自行车租车收条,"两天半租金拾陆万贰仟伍佰元"。还有自行车的修理票据,是成都西玉龙街74号德艺车行出给都江电厂的,"发奉:修理自行车一步,换下钢管一根,价洋壹佰万元,此据。一笔收清印花自贴",收条上共贴有印花票红色三张。(图12-3)

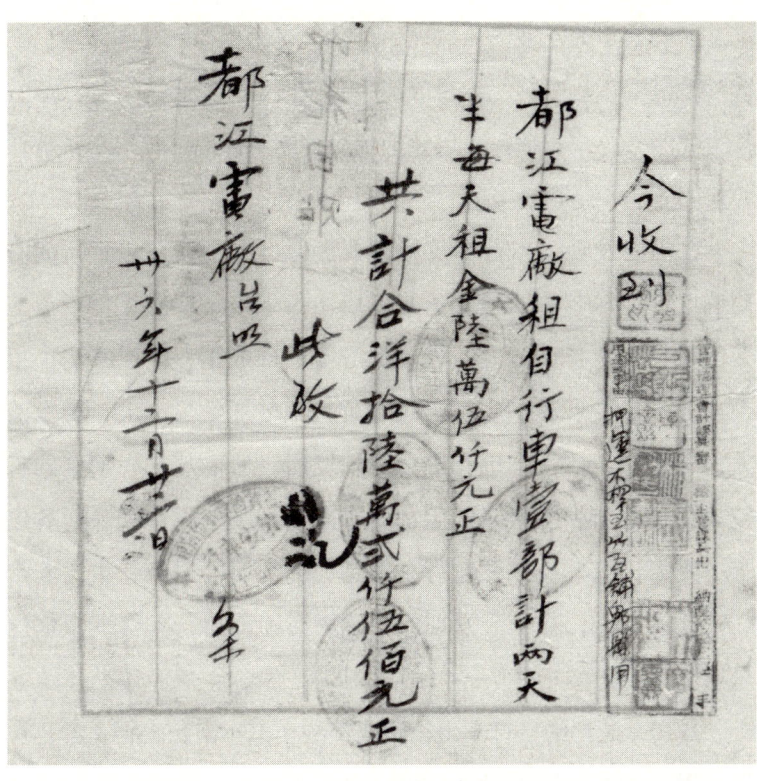

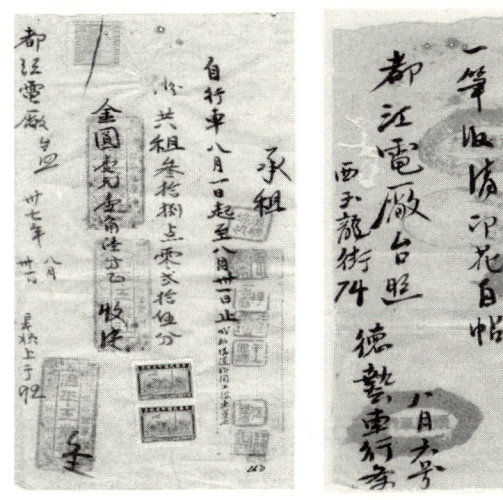

图 12-3

这些票据的发现，显然证明了自行车出租，于民国后期已在成都地区流行起来，无论是成都中心城区，还是今天的都江堰，都有此服务方式和项目，也包括自行车的维修系统，旧车的流通方式等等。

　　在笔者发现了自行车的修理票据时，立刻就联想到抗战时期的成都二轮车和三轮车的修理店。由于该时期有大量沿海地区的机关、装备厂、大学等单位纷纷迁入成都，让成都的出租交通业迅猛发展和扩容。当时的黄包车增加数量庞大，少量的人力三轮车、自行车也有机会得到发展，所以随之相配套的二轮车和三轮车的综合修理店在高峰期达到了两百余家，而黄包车、人力三轮车，以及自行车都是他们的服务对象，生意非常红火。所以说，在今天发现成都民国时期的自行车修理票据也是情理之中的事儿了。

　　其实，成都的自行车出租跟成都的小汽车出租一样，都是在那个时代的新鲜而时尚的创举，创了那个时代之"的士"。今天，我们概念中的出租汽车或叫"的士"的，是我们今天的说法，但过去不是的。成都在1957年开创了我们今天概念的"的士车"，够时尚和创新吧，但当时叫"小汽车出租"，所以成立的经营单位也叫"成都小汽车出租站"。这个首创公司一年半后因汽油供给短缺而停业，但又于1979年9月复业，取名又叫"成都小汽车出租站"，经营成都的小汽车出租业务。这个时候，仍然没有叫"出租汽车"或"的士车"。由此可见，此种交通工具的出租，就是我们今天"的士车"的最初出租交通的服务方式了，所以，自行车出租是"的士祖先"也成立。

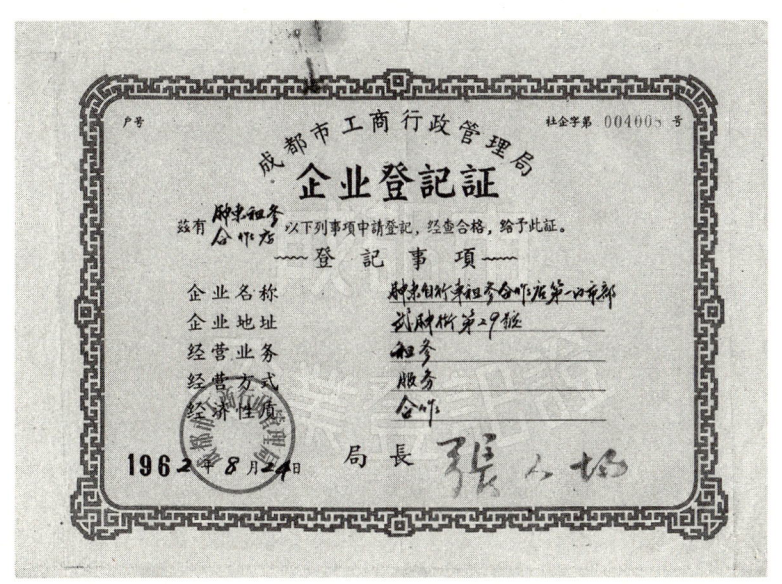

图 12-4

  2015 年 3 月，笔者发现了成都 20 世纪 60 年代的自行车出租和修理企业的工商注册登记证（图 12-4），这张自行车出租的企业登记证是由成都市工商行政管理局张人均局长签发的，证号是 004008 号，企业名称是"肿东自行车租修合作店第一门市部"，签发时间是 1962 年 8 月 24 日。这与 2014 年 10 月笔者首次发现的简阳县运输公司自行车门市部的"租车定额收据"相互印证了自行车出租从民国开始，直到 20 世纪 60 年代还有人投资兴办。

  自行车出租也是一种出租交通工具的租赁服务方式，把它归为"的类"，说它是"共享单车"，无论是现实还是历史都已论证了。

客车货车的『客串时代』

"客车拉货乃任务,货车客串客运来。"你一听这句打油诗,瞪大眼睛,疑问可否,货车拉货,客车载人,天经地义!时至而今,客货混装,严重违规。

时光回到1958年末,当时成都市交通运输指挥部为支援"大炼钢铁",已从公共汽车线路中抽调了46台公共汽车,全力担负粮食、矿石等生产生活资料的运输任务。次年,又再次抽调柴油公共汽车30辆,其中有4辆是1955年购进的匈牙利依卡露斯30型公共汽车,有26辆是1956年新进的匈牙利依卡鲁斯60型柴油公共汽车,并要求全力保障"两个任务",即:白天上线路载客营运,晚上运载生产物质,当时称之为"客货并举"。(图13-1、13-2)

图13-1

图 13-2

"两手抓两手硬，白天夜晚两不误"。当时，成都市交通运输指挥部也制定了公共汽车运货的"吨位法"收费标准。一是匈牙利依卡露斯60型柴油车实载5吨按6吨计算；二是大道奇T-234和解放牌200型实载4吨按4.5吨计算；三是匈牙利依卡露斯30型实载3.5吨按4吨计算。后经统计，抽调的这76台公共汽车仅1959年就运输物资12.5万吨，行驶里程达到306万公里，运输收入121万元。时至1960年，公共汽车20条线路已减少到6条，大部分车辆都投入到工业生产中去了。按当时的定位，公共汽车被列为非生产设施，重点是保工业生产大局。公共汽车拉货，负载量远远大于载客，所以车辆磨损加大和损坏也是常有的现象了。到1960年末，"客货并举"才缓了下来，公共汽车"客串货车"得以结束。

其实，在成都公共汽车热火朝天的"客货并举"之时，成都的长途客车也没闲着，"客货并举"也早已感染了他们。1959年1月1日，成都市交通局签发了〔1959〕交汽运字第001号文件。这个1号文件，就是强调既要做好春节长途客运，又不能影响货物运输任务，也可谓要做到"两手抓两手硬"。文件这样陈述，"为了在保证钢铁和重点基本建设以及春节主副食品的运输下，又能尽量满足春节长途旅客运输需要，请各级党委分批安排确需回家人员的行期，避免节期前后交通过分拥挤或过多抽车。"该文件还抄送了市指挥部、市人民委员会、成都铁路局。文件看去仅一页纸，文字不多，但含有大量信息，尤其映照出当时长途客车正处于"客货并举"的时代。

在公共汽车和长途汽车"客货并举"的"客串"时代，其实我们城市的人力三轮车也在学习着"客货并举",可谓"上行下效"。蓉城的士文化博物馆收藏的人力三轮车驾驶员曾绍成的1960年先进评比材料中,有一段这样的文字叙述:"对组织交给的任务能按时完成,工作踏实,能细心地搞好工作,如运粮时积极地主动多装,有次因车坏了能借别人的车子来完成运粮任务……"这已充分说明,是组织安排人力三轮车进行着"客货并举"。同当时的公共汽车去运输矿石、粮食等生产资料如出一辙。还有一例也可证,那就是有张人力三轮车的报销单上的证明——"由八里庄运铁丝回校车费共1.38元"(图13-3)。这个"证明"说明了什么呢,说明人力三轮车在"日常生活"中是常常"客串"货车的。

你公共汽车可以"客串货车",那咱货车也可以"客串客车"。虽然一次仅能拉上或捡上两三人,总算是客串了客车。

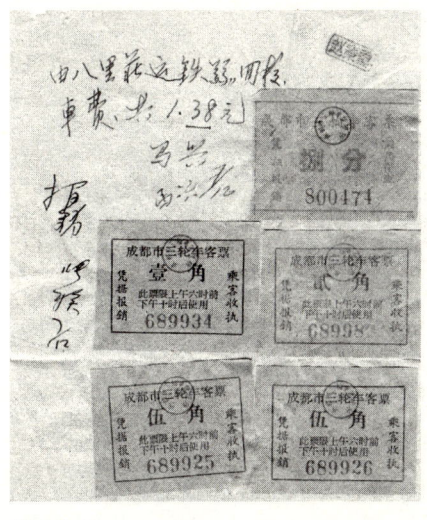 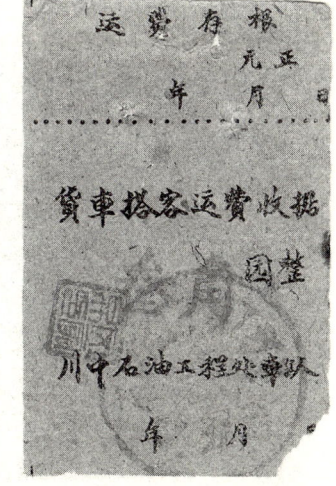

图13-3

你来我往，互帮互助嘛。好多人以为是笔者调侃一会儿，但确有其事。

大货车的这种服务项目出现在20世纪五六十年代。在蓉城的士文化博物馆收藏的"货车搭客"运输票据上，有着丰富的信息。这些信息充分显示，那个时代货车载货后再携带旅客也是合乎规定的，并不属于违章行为，旅客而且还能收到有监章的票据，有意外事故是能得到保险赔偿的。货车的"客串客车"，在那时也在时兴着。

川中石油工程处车队当时是用谷草制成的黄纸雕版印制的票据，名叫"货车搭客运费收据"，有填写的年月日，有财务部监章和财务人员的私章。一切"客串"的手续很正规，收藏的这张票据运价是"叁角"。能收藏到这张票据，显然是当时的"搭客"收到的，并留存到了今天，一不留神，小小的货车搭客票就穿过了半个世纪，充分展示了时代信息。

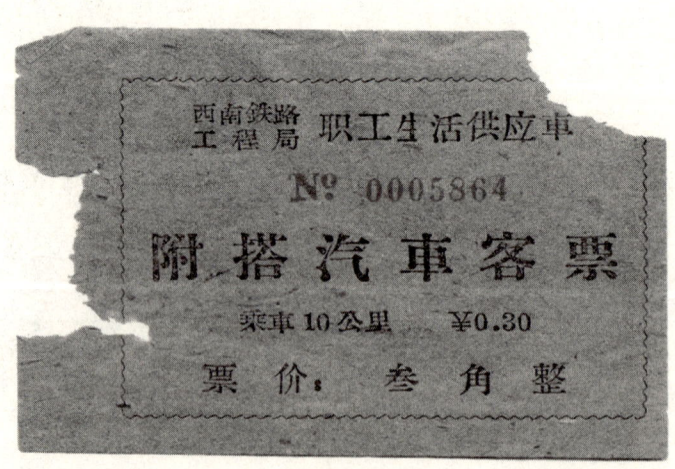

图13-4

还有"乐山专区运输公司货车客票""温江专区运输公司货车客票""钢铁运输公司货车用短途定额客票""西南铁路工程局职工生活供应车附搭汽车客票",它们释放着一个时代的信息。(图13-4)

这些半个世纪前的"客串客车",在当时较为合乎大众的需求。货车多跑山区公路,当时的百姓也没什么成线网的专营客车可乘用,所以中途"附搭"货车既满足了百姓出行,又增加了货车的收益,也是"多快好省"的具体表现,所以当时的"客串"是司机们争做"好人好事"的体现。

你公共汽车跑仓库拉物资,我货车山区附搭乘客,真可谓互补之道。这篇"客串时代"文稿几经修改后,笔者以为没有什么可再次改稿的可能了,但2015年元月的一次意外发现,让笔者再次提笔。是一张票据,一张货船附搭客人的,原来货船也学习了货车。这张票是赤水县革命委员会联合运输办公室的"机动货船附搭客票"(图13-5),票价壹元伍角,还印有开船时间。看来无论路上还是水上的,交通工具似乎都时兴"客串"了。说了一句"无论路上还是水上的,交通工具似乎都'客串'了",说者无心,道历史有意。

2015的羊年刚来,笔者竟然还发现了成都国民时期的黄包车,也在那个时候常常"客串"。客串什么呢?就是黄包车也拉货。也常

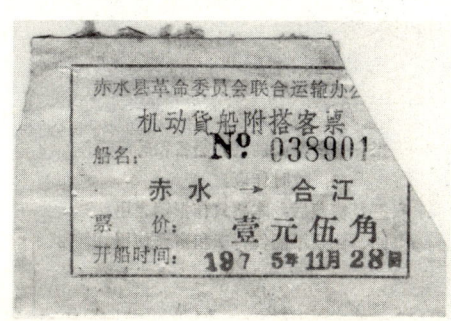

图13-5

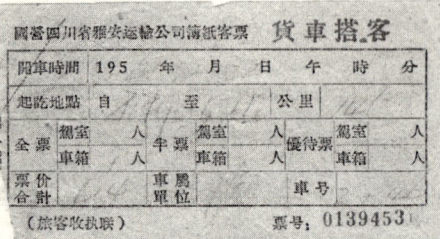
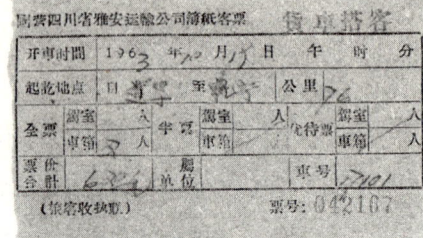
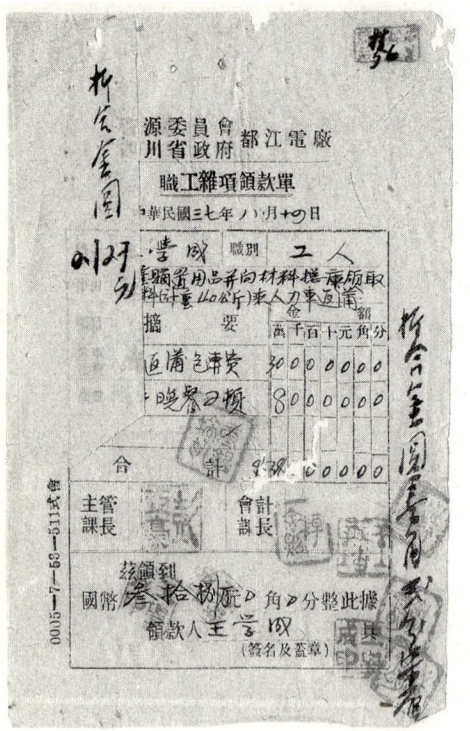
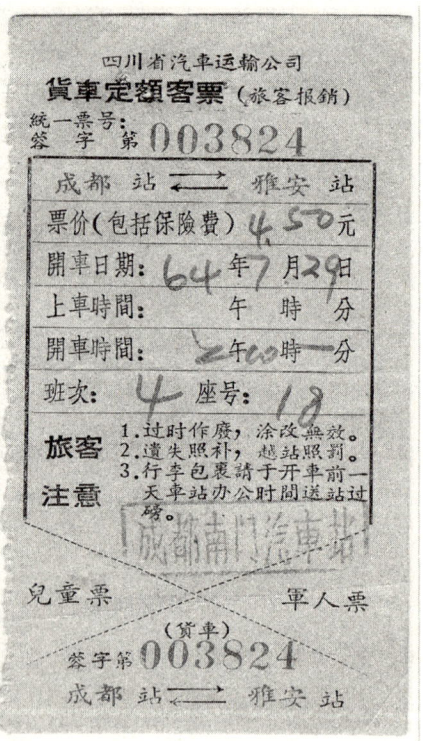

图 13-6

有客货混装的时候,客人坐黄包车,把采购的东西一起携带着走,当然是客人要多付点费,黄包车夫也理所当然多收一点。这张佐证的票据也由蓉城的士文化博物馆收藏了。这张都江电厂的票据,显示了该厂人乘坐当时灌县的黄包车携带的货物达到 40 公斤。

  2015 年 4 月,长期做纸典收藏流通的付老师给了笔者六张票,说你一定喜欢。就这几张票,把货车的"客串客车"的历史又向前推移了几年。其中有两张是"国营四川省雅安运输公司簿纸客票 货车搭客"(图 13-6),"货车搭客"四个字用红印加盖,一张是 1956 年 2 月 22 日开出的,另一张是 1963 年 10 月 19 日开出的,两票相距时间长达近 8 年时间,足以说明"货车搭客"的长期性。更有趣的是,这两张"货车搭客"票很表格化,并有添项九个,其中全票一栏分"驾室"和"车箱(厢)",半票和优待票也分"驾室"和"车箱(厢)",就是说有搭坐在驾驶员旁边的"驾室",票价贵点,有搭坐在"车箱(厢)"的,自然要节约些。这两张均是搭"车箱(厢)"的,看

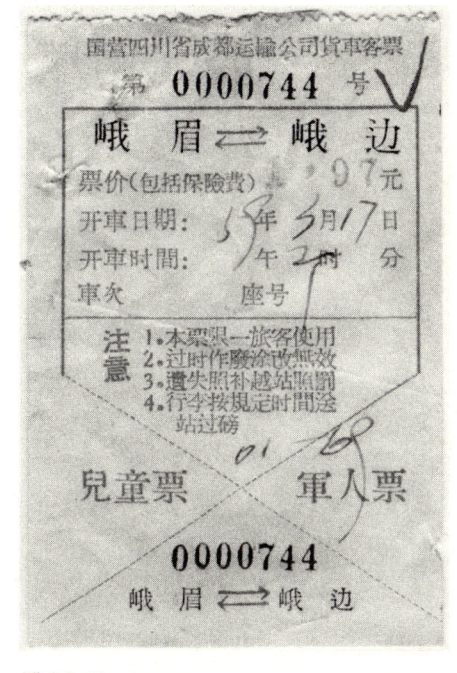

图 13-7

来"车箱（厢）"比"驾室"紧俏，因为"价廉"吧。

　　再有两张票据，一张是四川省汽车运输公司的"货车定额客票"，售票时间是1964年7月29日，票价4.5元，包括保险费，从成都南门汽车站始发。另一张是国营四川省成都运输公司的"货车客票"，售票时间为1959年3月17日，也包括了保险费，票价1.97元。（图13-7）仅看两票时间差，说明货车客串客车这一操作，在这两家公司也进行了近6年之久。

好客的『客三轮』

"客三轮"是人力客运三轮车的简称,它为前面一人骑驾,后面可乘两位乘客,车篷为活动折叠式的交通工具(图14-1)。客三轮,顾名思义,有三个轮子,从力学上讲,三角形最具稳定性。三个轮子正如同等腰三角形,所以它行驶起来稳稳当当。但从市场角度上讲,也似乎很幸运,或许是借了三角形之"稳"气,它一入市就和谐又稳定,根本不像当年鸡公车、客运马车、黄包车入市那样磕磕绊绊。

成都解放后,公共交通呼唤着新型交通工具。慢悠悠的黄包车,让人们明显感到它不能适应成都百废待兴的诉求了。

这时,常有上海交通新闻传来,"上海解放时,全城黄包车只有3659辆了,是从三年前的两万多辆速减下来的;上海人力三轮车骤增,已达28000辆,车工已有八万余人……"

那成都的公共交通咋办呢?上上下下都在议,后有了轮廓,成都的公共交通"清明上河图"出来了,一是公共汽车、电车,二是小汽车出租和人力三轮车;三是黄包车、客运马车逐减逐转,并由人力三轮车代替。

有了"图纸"就得实施,但实施总得有轻重缓急的策略。公认的是首先干好公共汽车、开好线路,解决建设新成都劳动者们的上下班出行。

1951年初,市政府批准成立了"成都公共汽车筹备处"。当时的建设局副局长宋科占任筹备处领导小组组长,副组长晋良玉主持日常工作,成员有薛举安、于雅贤、刘惠群、何庆连、刘

图 14-1

碧先、李志清、何纪文等十人。同年底，红旗铁工厂技术人员惠志强调入并主持日常工作。建设局并拨基建基金 26 万元，还有残破"万国""道奇"货车 47 辆，小汽车 2 辆，其中有 20 辆是已经报废的。办公地点开初就在路边简陋的茶馆里，后才借用"通商公司"的九间平房。一切都是白手起家，但在百废待兴的历史背景的鼓舞下，同志们是热情高涨、废寝忘食，吃住在单位，白天干工作，晚上要学习。时值当年初夏，又有一批司机、修理工、行政等人员，由劳动局、粮食局、裕华纱厂等单位转入"筹备处"，这时筹备处已有 70 余人，真是叫"人多力量大"了！

确实是人多力量大。开始着手对 47 台货车进行改造，用一年多时间，很快就成功打造了 16 台"长头"和"短头"铁木结构客车，先期经费不够了，又把稍好货车抢修出来去跑重庆、宝鸡、甘孜等地的货运挣钱来补贴。此时，市政府又追加资金 12 万元，专用于车辆整修和站点建立、人员培训。筹备处立马从烟厂、搬运公司调入和新招服务员 150 人，完成培训，初步具备了成都首线公共汽车开线条件了。1952 年 4 月，成都公共汽车公司正式建成。

1952 年 7 月 1 日，成都解放后首条公共汽车开线了。同天，国家重点工程"成渝铁路"全线通车。两件事喜庆了成都。"短头"公共汽车车头悬挂了毛泽东主席的画像，16 辆披红挂彩的公共汽车在欢呼声中由盐市口徐徐开往梁家巷。当天，第一线公共汽车开业典礼设置在盐市口，典礼现场人山人海，盛况空前。典礼第一个致辞的就是成都公共汽车公司的副经理惠志强。其实，当时公共汽车公司领导就仅有惠志强一人，所以实际上正副经理都是他。据惠志强后来回忆，他在典礼上的致辞稿，事前他还亲自送交市委书记郝德青审定，当时代表成都市政府出席典礼讲话和剪彩的是副市长米建书。成都市的第一条公共汽车线路就这样诞生了，彻底结束了市民出门只有黄包车的时代。据当时的营运统计，开线一个月已载客24万人次，后伸线到北门火车站，月载客可达26万人次。同年底，又改造出15台车相继投入。开行了盐市口至浆洗街的第二线，牛市口到将军衙门的第三线。至此，成都市在创办地方国营公共汽车，第一次形成南北和东西走向的骨干线路，即第一线盐市口至梁家巷，和第二线盐市口至浆洗街形成的南北走廊；第三线从城东的牛市口至城西的将军衙门，形成了东西走向。

　　三条线路全长18.9公里，仅半年时间共载乘客275万人次。这已证明，新成都的公共汽车开行异常成功。成都从1952年7月1日开行的公共汽车线路伊始，都是以线命名，如第一线、第二线、第三线等等，这种命名线路方式也长达11年。时至1963年5月1日，为改进服务质量、方便市民识别线路，才决定把全市公共汽车、电车改为以路命名，如1路、2路车等等，并开始在车头车尾分别喷线路号牌，这种成都公共汽车的命名方式直到现在依然使用，其使用时间已超过了半个世纪。

　　政府连续三次投入资金和旧车，公共汽车公司连续苦战改造车辆、开设新线，迅速树立了成都公共交通的崭新面貌，老百姓真是欢欣鼓舞。但同时，始终未忘记已有半个世纪的黄包车，从建设新成都一开始，就创造条件分流安置黄包车夫转到其他行

业。客观上讲，公共汽车线路一开行，就分流了黄包车的原有消费人群，那时，谁不喜欢现代化的公共汽车呢。这时的成都公共汽车公司的"抓两头"工作正如火如荼。所谓"抓两头"，就是一手抓"车头"，争取更多资金和旧车，加快公共汽车的改造生产，开设更多的线路；另一手抓"人头"，迅速建章立制，提高驾乘调保人员的业务素质，并创造性地印制了成都公交人自己的第一册"红本本"，即驾驶员操作规程、售票员工作责任制、调度员工作责任制、查票员工作责任制，以及违反操作规程和责任制的记录。如今，当笔者打开六十多年前印制的这个"红本本"时，第一页仅有59个字，但它的内容，在今天依然实用。它说："爱护车辆，努力学习先进经验，提高驾驶技术，勤于检查机件，保持车辆良好的技术状况，从而能在安全的前提下，出色地完成或超额完成生产任务啊。"

1954年初，成都市公用局成立。公共汽车公司划归该局管理，并立即安排公共汽车公司实施人力三轮车发展事宜。1954年6月，成都首辆公营人力三轮车由公共汽车公司从上海购回，到年底，陆续运回成都，共九辆。1955年又增加70辆，其中部分还是由公共汽车公司从上海、西安购回，购回的三轮车大都安排黄包车工人转岗使用。

1914年3月25日出生的曾绍成，就在他时年42岁的1956年，被成都市公用局安排首批黄包车夫转岗，成了人力三轮车的驾驶员。这个1956年之春，对曾绍成有着特别意义，之前，他从1938年伊始一直拉黄包车到1956年，整整有18年的黄包车夫经历。就是在这个"整整18年"之后，他终于当上了引以为豪的公营三轮车驾驶员，驾驶着车号为公营-0472的人力三轮车，佩戴着成都市三轮车管理所颁发的客运服务员证（图14-2），欢快地奔忙于蓉城的大街小巷。他于1956年3月25日第一次填写了"成都市人力三轮车驾驶员登记表"，并在表内的"本人履历"中，填写了"1938—1956年拉人力车18年"。让曾绍成自豪的还有一件事，就是他在成都解放后不久的1951年2月，首批加入了成都市人力车工会，又担任了工会小组长。从曾绍成这两件"自豪之事"来看，当时能得到首批公营三轮车的转岗工人们是幸运的，后来他们都成了生产积极分子。其实，曾绍成有个黄包车大家庭，他的二弟曾德成，三弟曾直修，也在解放前拉黄包车有数十年之久，两个兄弟也同他一样是幸运的，成都解放后不久，就在政府的"黄包车夫转岗安置"的政策下，到了宝成铁路段当产业工人去了。

这些新生的人力三轮车一上街营运，其优势比黄包车明显很多，首先是载人多一位，其次车速比黄包车快两倍以上，其三是

图14-2　　　　　　　　　　王大明　供图

驾驶人省力。曾问一名老者，对建国初期的成都人力三轮车有什么感受？他说："三轮车灵活方便，既可在车站、码头候客，又可穿街过巷拉客，一呼即至，大街小巷畅通无阻，当时虽有了公共汽车线路，但早期线网有限，所以三轮车的补充功能突出，尤其在深夜或清晨，要急赶火车、上医院，比乘公共汽车灵活方便"。由此可见，三轮车市场非常好。（图14-3）

1956年初，行业主管的市公用局正式成立了成都市人力三轮车管理所。市公用局再次投资从上海一次性购回200辆三轮车，大幅度安置黄包车工人转岗使用。这些三轮车全部属公营车辆，并决定划交当时的成都公共汽车公司管理，用管公共汽车的方式来管三轮车，所以转岗的黄包车夫都没有什么心理压力，非常乐意。包括三轮车的夜间停放，都由"三管所"负责联系辖区，在市区中小街道周边的空地上停放，并有专人夜间守护。在当时，三轮车也是重要的资产和城市交通工具。在今天，蓉城的士文化博物馆就收藏有当时三轮车守夜人收工钱打的收条，非常少见。（图14-4）

成都公共汽车公司通过它代管的人力三轮车管理所，用公司化方式非常规范地管理着人力三轮车的客运活动，还对三轮车这种重要的城市交通资产进行了商业保险，其投保开出的第一单理所当然是中国人民保险公司的了。在今天，蓉城的士文化博物馆依然收藏有给货车、人力三轮车开具的保险单（图14-5、14-6），且开出时间是20世纪50年代初，由中国人保公司出单。众所周知，中国人保的现代车业保险始于1950年，也就是新中国成立后不久，由当时中国人保首推车险业务，后经几

图 14-3

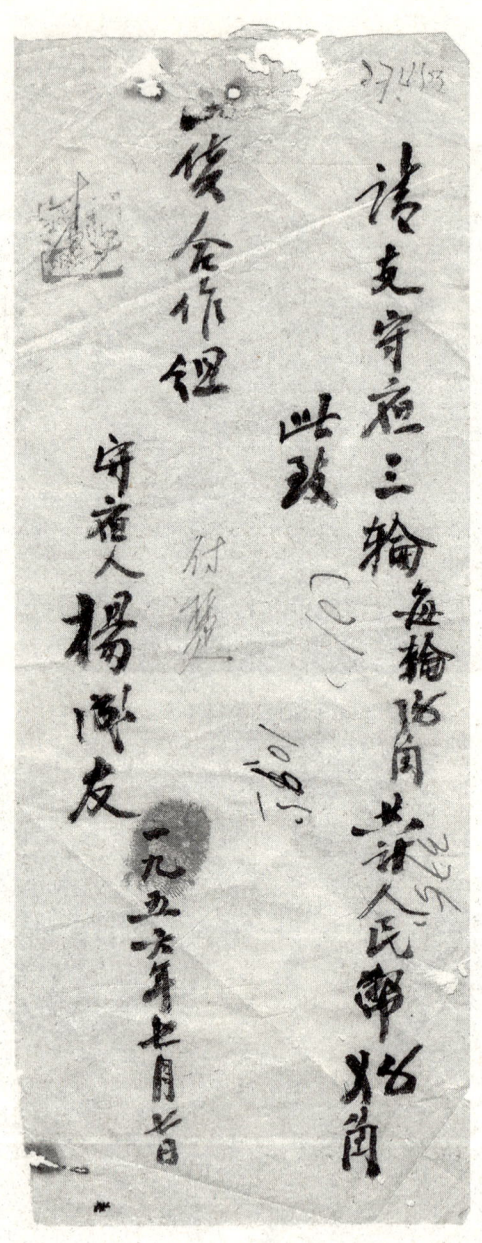

图 14-4

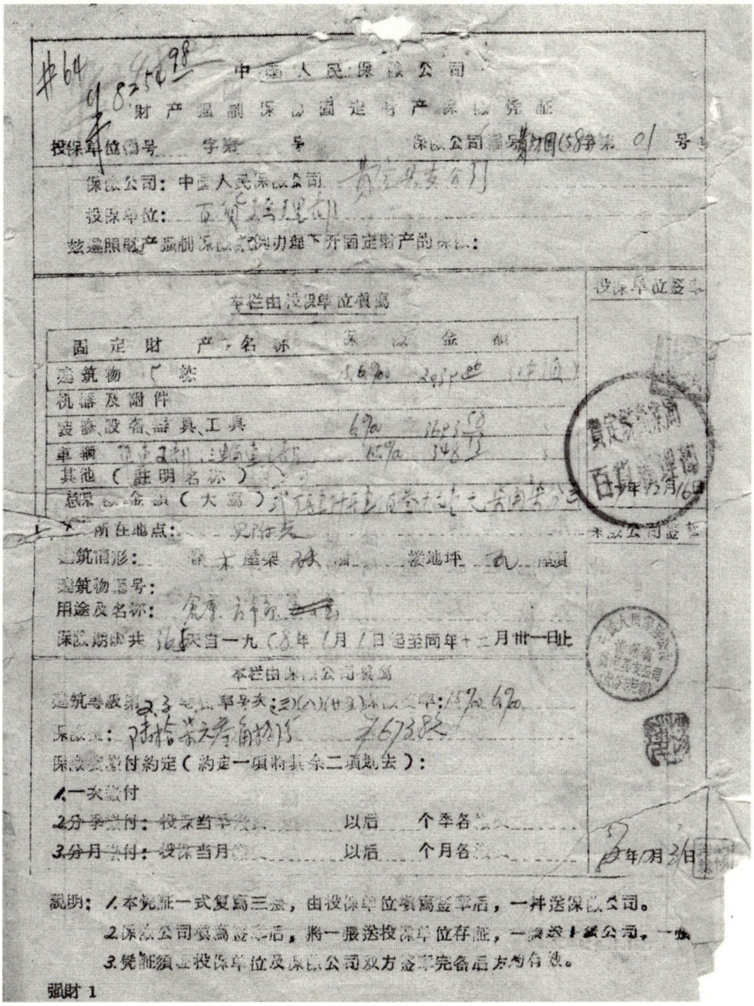
中国人民保险公司

财产强制保险固定财产保险凭证

投保单位编号　字第　号　保险公司编号　第 01 号

保险公司：中国人民保险公司

投保单位：

兹遵照财产强制保险条例办理下开固定财产的保险：

本栏由投保单位填写

固定财产名称	保险金额
建筑物	
机器及附件	
装修、设备、器具、工具	
车辆	
其他（注明名称）	
总保险金额（大写）	

所在地点：

建筑情形：　砖木屋架　墙　楼地坪　屋顶

建筑物编号：

用途及名称：

保险期间共　天自一九　年　月　日起至同年十二月卅一日止

投保单位签章

本栏由保险公司填写

建筑等级第　号　保险费率：

保险费：

保险费缴付约定（约定一项将其余二项划去）：

1.一次缴付

~~2.分季缴付：投保当季缴　以后　个季各缴~~

~~3.分月缴付：投保当月缴　以后　个月各缴~~

保险公司签章

年　月　日

说明：1.本凭证一式复写三张，由投保单位填写签章后，一并送保险公司。

2.保险公司填写签章后，将一张送投保单位存证，一张送上级公司，一张

3.凭证须经投保单位及保险公司双方签章完备后方为有效。

强财 1

图 14-5

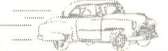

中國人民保險公司

財產強制保險批改憑證副本

原保險憑證投保單位編號　字第　號　投保單位批改編號　字第　號

保險公司編號　字第　號　保險公司批改編號　字第　號

本欄由投保單位填寫

茲將原保險憑證申請批改如下：

投保單位簽章

年　月　日

本欄由保險公司填寫

批改正文（對原保險憑證之批改效力以本正文爲準）：

加收／退還保險費計算式：

保險公司簽章

年　月　日

說明：1. 本表三聯，依次爲申請書、憑證正本、憑證副本，由投保單位填寫簽章後，一併送保險公司。

2. 保險公司填寫簽章後，將憑證正本送投保單位存據，憑證副本送上級公司，申請書自留。

3. 憑證須經投保單位及保險公司雙方簽章完備後方爲有效。

中國人民保險公司灌縣支公司

財產強制保險保險費單據

第一聯　保險費收據

字第　號

年　月　日

台鑒

今收到你處所投保之　強制保險　保險憑證保險公司編號　字第　號

批改憑證保險公司編號　字第　號　號應繳　保險費計

此據

代理收款銀行簽章處

保險公司簽章處

注意：本收據須經中國人民銀行及保險公司正式蓋章簽全後方爲有效。

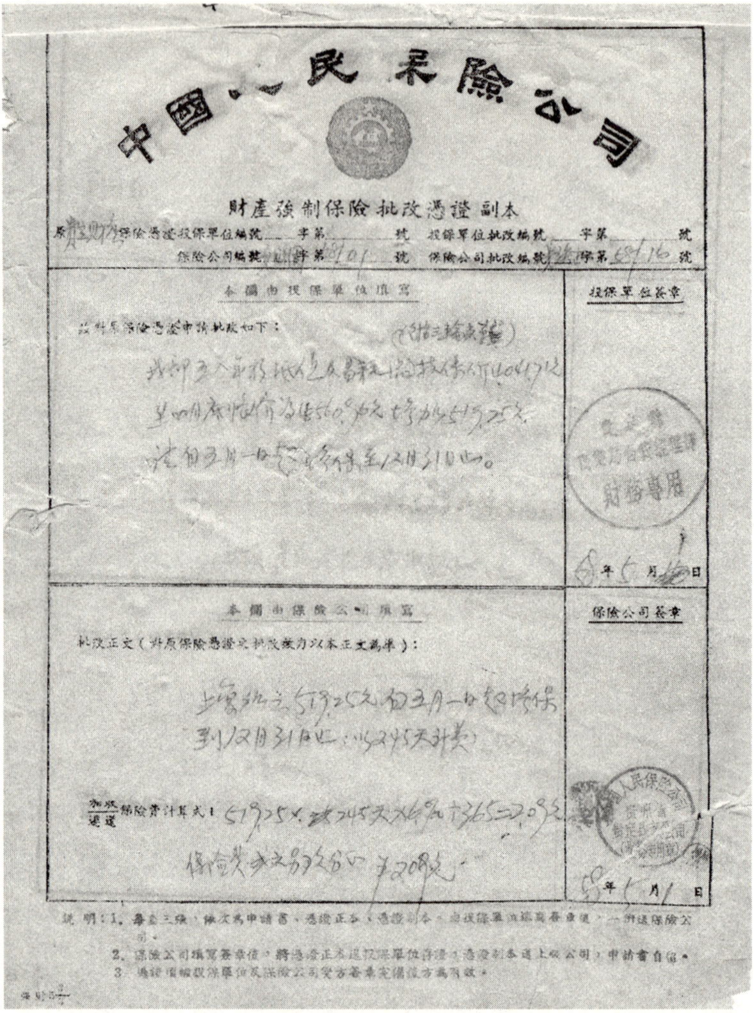

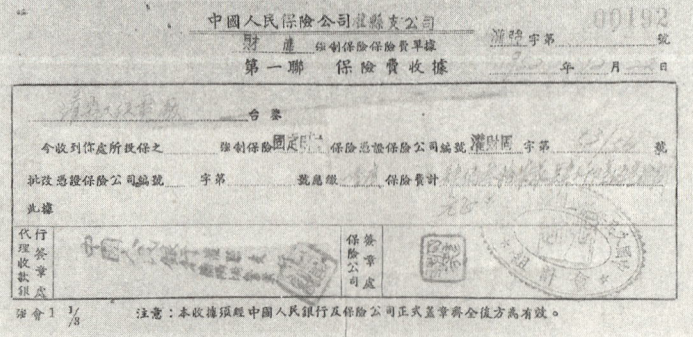

图 14-6

度兴衰,直到改革开放后,随着经济建设和车辆保有量的逐步增加,各类车辆的保险业务才渐渐发展成型。时至1988年,全国车险方面的保费收入才达到20多亿元,但就是经历了这个时代后,车辆相关保险犹如雨后春笋般增多了,成为第一大保险业务。但中国人保的车业保单,始终是这类保单的第一份,所以才如此珍贵。

为了加快人力三轮车取代黄包车的步伐,当时还有一个在实施的妙方,就是在成都的走马街、忠烈祠西街、盐市口等自行车修理店开展人力三轮车的生产业务。这个所谓的"生产业务",就是在有关管理部门的监管下,把老旧黄包车改造成人力三轮车。其改造的成品,一是原有的黄包车主优先转岗,驾驶本人的改造车辆,把自己的黄包车夫身份改变成了驾驶员;二是无业人员可购买改造车辆,许可同公营人力三轮车一样上街营运,接受同样标准的行业管理,不同的仅是此车的产权属个人所有。于是,这项黄包车的改造工程的实施,很快吸引了无业人员筹款购买,他们迅速当上了一名光荣的驾驶员,有了一份满意的工作。

在1956年3月,就有一批无业市民积极购买了首批改造车,其中有1919年3月23日出生的张鸣皋,1912年7月16日出生的马海岑和1929年1月13日出生的杨吉明。他们欢天喜地地各自购买了一辆人力三轮车,但购得的价格却分别是336.36元、353元和320元。其价格的不同,估计是改造车的成色有差别的原因吧。购车上户后,张鸣皋的车牌号是0067,马海岑的是0080,杨吉明的是0023。从此,他们三人便当上了人力三轮

车驾驶员，一心为乘客服务，都当上了安全服务的先进分子。

在今天看来，这种"加快步伐"的方案，依然是个妙方。一妙"一增一减"：老旧黄包车大幅减少的同时先进交通工具人力三轮车大幅增加；二妙"招商引资"：吸引了社会各方资金，解决了基建资金的不足；三妙"两增两不误"：增加了就业、不误民生，增加了三轮车、不误交通出行。

就是这个"妙方"，在它诞生了30年后，再次被成都官方的行业管理机构运用。在1992年成都市客运管理处实施《出租汽车经营权有偿使用规定》之前，就许可社会失业、待业人员自筹合法资金购买小型客车，并凭其车辆行驶证、失业待业证、本人身份证即可申办出租汽车经营资格，即取得"成都市道路运输客运证"。以这种方式进入成都出租汽车行业，就是出租汽车的"个体工商户"了，不出几年，出租汽车的数量有了大幅度增加，极大地方便了乘客出行，充分释放出"妙方"的好处，真是"的士增量、就业增加"两不误。也再一次证明了30年前的那个"妙方"——即许可私人购买人力三轮车入市营运的正确性和生命力。

同年底，市公用局会同相关部门，着手制定了三轮车运价，使三轮车的客运服务有了规范，其基价是城区每公里单人6分，双人9分，城区主要街道都列入运价表中，三轮车驾驶员大都没什么文化，拿着运价表，摸不着头脑。但三轮车管理所安排组织车工们培训学习，车工们又回家让自己的娃儿教，想要挣钱，他们还是很快掌握了运价表。如果三轮车在营运中遇到未列入表的街道，就按照长街单人2分，双人3分；短街单人1分，双人2

分执行；市郊地区每公里单人 8 分至 9 分，双人 1 角 2 分至 1 角 4 分（图 14-7）。

说成都是 1954 年初夏才有了人力三轮车，并从上海购回，指的是公营性质。相关资料表明，成都首次出现人力三轮车于街头，其实应当是民国 30 年（1941 年），也是黄包车最为疯狂的年代。《成都掌故》第二集有一段描述："抗日战争初期，出现了用脚蹬的三轮车，但也还是用人力踩动，直到 1950 年解放后，黄包车才逐步减少，最后为三轮车取代。"当时三轮车多为街道手工作坊制造，而且粗糙，常有故障，制造量也不大，根本未对黄包车形成抗力，所以没什么麻烦。

时至 1957 年，成都城区人力三轮车已达到了 535 辆，其中公营有 300 辆，私营 235 辆，营运范围已由开初的城区府南河内扩至郊区，西至犀浦、文家场，南至簇桥，东至沙河堡、三瓦窑，北至天回镇。

这时的人力三轮车已把黄包车彻底边缘化了。黄包车只有在晚上一些小街小巷拉点生意。三轮车生意则十分兴旺，甚至供不应求。"供不应求"到了什么程度呢？看看三轮车胎就知晓了。

当时三轮车胎市面上严重缺货，或许就是"生意兴旺"，让三轮车"多吃多占"了原有的库存。这时的"三管所"火急火燎到处找轮胎，统购统销的交电公司也没货，订了货也需时间从上海发运。最后找到市搬运公司这个兄弟单位，他们还有库存两百多条，千说万说让对方借用并货到即还。

1956 年 10 月 26 日，成都市人力三轮车管理所转过头来，火速报告市公用事业局，文书报告"关于请批准由搬司拨借三轮

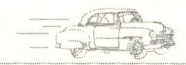

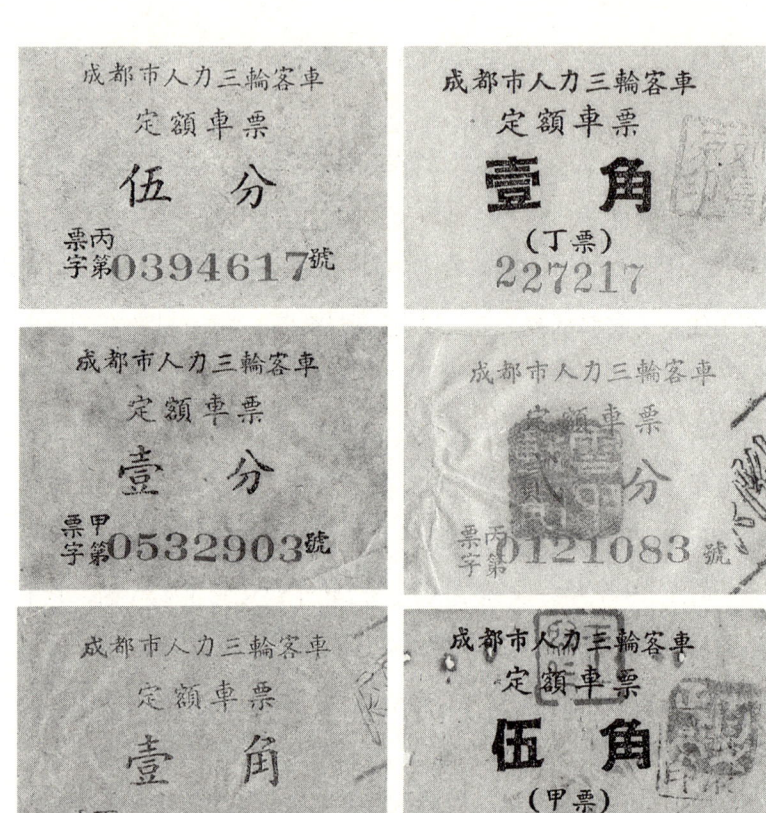

图 14-7

车胎的报告"。其内容称"目前已有人力三轮车客车 200 辆，轮胎损坏严重，影响市内、郊区客运，市交电公司八月份在上海调拨的轮胎迄今仍未运到成都，因而最近一段时期内本市三轮车轮胎供应中断。为了不应影响市区交通及工人生活，我们意见在交电公司轮胎未运到之前将搬司现存三轮车轮胎全部拨借我所使

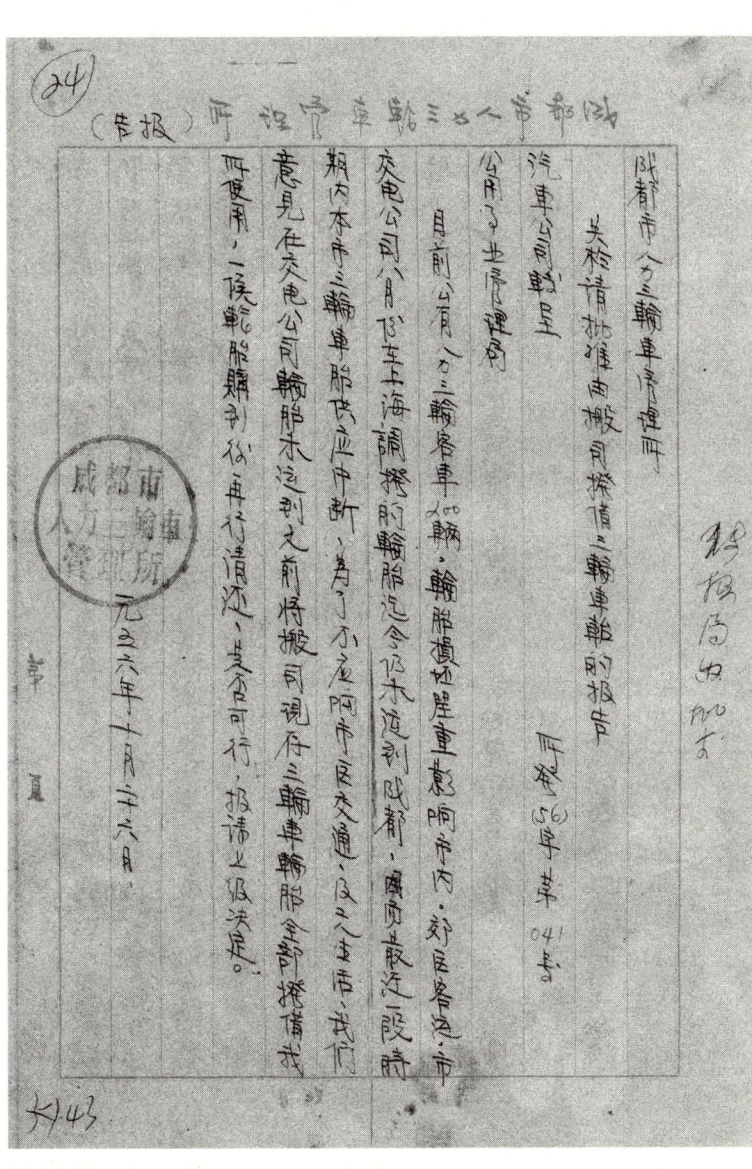

成都市人力三轮车管理所

（告报）

成都市人力三轮车管理所

关于请拨维用轮胎二辆车轮的报告

汽车公司转呈
公用事业管理局

目前公局人力三轮客车8辆，轮胎损坏严重影响业务，部分客车市交电公司八月份车辆调拨的轮胎迄今未送到成都，虞须最近一段时期内本市三轮车胎供应中断，为了不应响市区交通，及人年活，我们意见在交电公司轮胎未运到之前将我司调存三轮车轮胎全部按情我所便用，一候轮胎购到，再行清还，当否可行，报请上级决定。

成都市
人力三轮车
管理所

一九五六年十二月二十六日

图 14-8

用，一候轮胎购到后再行清还。"（图 14-8）

实际在上一年，市公用局已开始对人力三轮车进行登记发照，无论是公营还是私营的，一律登记核实后发照，车辆均是有照营运。无论哪种所有制成分的三轮车，都同样让黄包车车工找到了合适的岗位。采用了"一进一出"的管理办法，进的是人力三轮车，出的是黄包车。到 1956 年，黄包车已从 1950 年的 7919 辆减少到 1410 辆，6 年减少了 80% 以上。在前文《城里城外黄包车》中，《新中国日报》报道民国市政府宣布新政，从民国 35 年（1946 年）起，三年内禁绝黄包车，结果民国 38 年（1949 年）统计时，黄包车反而又增加了近千台。两相一比，真是极大反差。

新成都的人力三轮车与黄包车是在非常和谐的环境中，逐步完成出租交通生产工具的升级换代的，没有了晚清、民国时期出租交通工具换代的冲突。

天下没有平坦的路。1955 年对三轮车进行了登记发照后，由于三轮车生意兴旺，加之对三轮车新增量都有明显的计划性，也包括对非从上海、西安购进的，由成都指定几家自行车修理店制造的三轮车，所以，有的单位出现了暗箱操作，背地里生产三轮车，擅自向社会发散征订信息，并予以出售。当信息散发后，征订回单不少，大家都知道三轮车生意如此之好，这就是所谓最早的"黑的"吧。

"三管所"的同志们非常敏感，觉悟自然也高，暗箱也瞒不了他们的眼睛。1956 年 6 月 25 日，他们上书报告（图 14-9），报告中明确指出："我们业经成立，关于人力三轮车的各项管理工作遵照上级规定应由我们统筹办理。据了解本市自行车第二修理合作社未经批准，擅自发展制造人力三轮车，并拟向机关团体推销，造成不少不应有三轮车之单位先后来所申请向该社定制，订购车辆不但影响业务，更严重地违反政府'政策法令'。"这份报告的正式上报，已经例证了有一例非法制造和销售人力三轮车的违规行为。

1956年初，为加强本市人力三轮车的统一管理，并有计划、有步骤地发展人力三轮车，市公用局和市公安局就在《四川日报》《工商导报》分别登载了通告，规定了本市人力三轮车有关制造、买卖、过户、向外地购买等有关办法和程序，明确了人力三轮车在市场的进进出出，一律需经市公用局批准。

市公用局和市公安局的通告一出，市面上的人力三轮车更是"香饽饽"了，难怪有地下黑车出现。

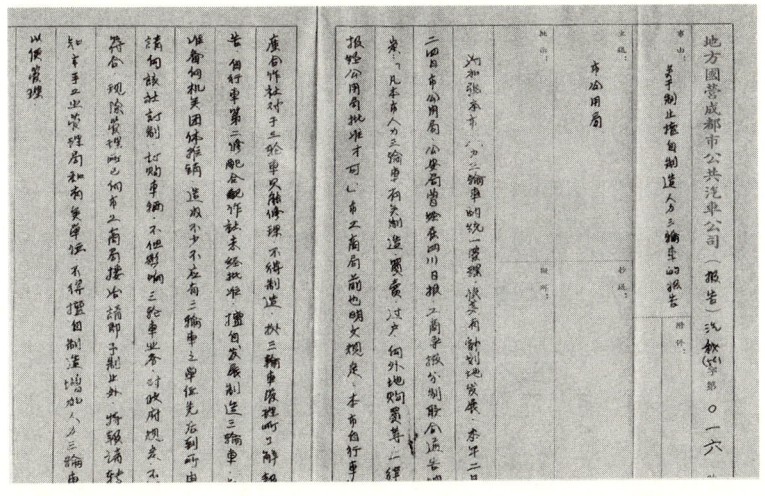

图14-9

其实，在"通告"之前，市工商局也发文明确规定本市自行车合作社对于三轮车只能修理，不得制造。由此可见，当时的"三轮车的士"在城区出租交通的地位显著。

从市公用局和市公安局对人力三轮车管理的通告，到市工商局的三轮车维修规定，都说明一开始就走上了规范发展道路。在1956年4月，市公用局就成都市人力三轮车管理组织规章也获得成都城市建设委员会批准，并明确了管理费的计收办法，方方面面的管理制度已经成型。

"妇女翻身得解放，早已不是尖尖脚。"在这炙手可热的"客三轮"中，也有妇女们的矫健身姿。在近两年中，笔者有意识询问中老年人："你看见过20世纪50年代有妇女蹬三轮车吗？"，回答都是"没见过"。在很多文稿里，那时都称呼她们为"女性驾驶员"，虽然只有十二名，但在那个时代非常显眼。她们上街踏车，出行大街小巷，乘客争相乘坐，平稳安全，自食其力，养育小孩，当然也惹得市民眼馋。

但这道风景线后来又消失了。1956年8月14日，成都市人力三轮车管理所上递报告，其报告内容是动员妇女不参加踏三轮车及安排她们转岗的相关问题（图14-10）。其缘由有二，一是根据上级指示，二是妇女因生理关系等因素，不宜从事体力重的踏三轮车工作。并在报告中称，人力三轮车管理所已于1956年4月两次对女驾驶员开展动员，已有7名接受动员，自行退出行业，但仍有5名女驾驶员坚持踏车。报告还重申，上级部门协调劳动部门，解决5名女驾驶员转岗事宜。

最大投资和一次性制造人力三轮车是在1961年初。当时的

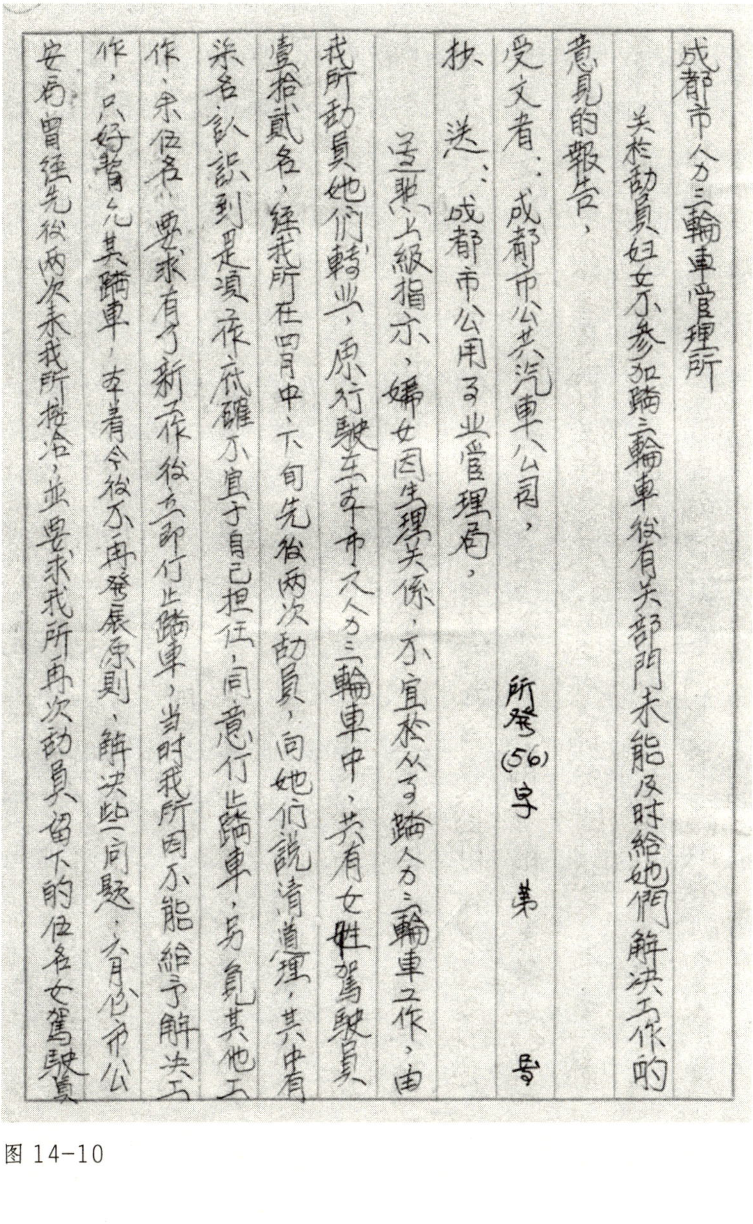

成都市人力三轮车管理所

关于动员妇女不参加踏三轮车没有关部门未能及时给她们解决工作的意见的报告

受文者：成都市公共汽车公司

抄送：成都市公用事业管理局

所发(56)字 第 号

遵照上级指示，妇女因生理关系，不宜从事踏三轮车工作，由我所动员她们转业，原行驶车(三轮市人力三轮车中，共有女性驾驶员壹拾贰名，经我所在四月中下旬先後两次动员，向她们说清道理，其中有柒名愿意到是项厂矿成确不宜于自己担任，同意行踏车，另见其他工作，求但各，要求有了新工作後立即停此踏车，当时我所因不能给予解决工作，只好暂允其踏车，幸昔令後不再发展原则，解决此一问题，有他市公安局曾继先後两次未我所接洽，并要求我所再次动员留下的伍名女驾驶

图 14-10

市内交通运输管理职能划入了市交通局，所以交通局在市场需求旺盛期，一次性投资定做人力三轮车500台，品牌名为"飞龙"，制造商是成都平福街机动车厂。1963年3月，成都市人力三轮管理所又划回市公用局管理，当年统计，成都市人力三轮车已有1266辆了。

成都20世纪70年代末，是私营三轮车猛烈增加的时代，增加的多为农民私营车。到1986年统计，农民私营三轮车达到620辆，加上后来的私营车，其达到了906辆，它的拥有量首次超过了公营三轮车。当时的公营三轮车已不足500辆。次年，成都市正式宣布对三轮车采用限制发展政策，鼓励出租汽车发展，以适应改革开放的城市发展建设的快节奏需求。

政策虽然限制城区人力三轮车的再度发展，但对其要求的规范服务并未放弃。1986年8月4日，成都市城区人力三轮车管理办法正式颁布和实施，其管理职能明确授予了成都市人力三轮车东、西城区管理站和金牛区交通管理站，也明确了人力三轮车上路营运的法规性条件，如领有正式颁发的"营运证""服务证"和车辆牌照，证照齐全，且与营运本人身份相符合，同时也包括人力三轮车的票据的使用、监管办法，以及对人力三轮车驾驶员的年检。

机动三轮『红卫250』

机动三轮老是生不逢"机",总是被人力车和汽车"卡"或曰"挤"在中间,动弹不得。

从运价上讲,由于要使用汽油,所以比人力的贵,好多人不乐意了;从舒适上讲,远不如出租汽车,速度也慢上若干,况且坐起来也拿不出脸面;从驾驶员角度上讲,成天都在尾气之中,噪声扰得人情绪也好不到哪里去,社会整治排放,它又首当其冲。所以,被"卡"、被"挤"就成了常态。

机动三轮车在成都共出现过两次,但时间都不长。市场总是把它放在边缘,真是机动三轮不咋的。成都第一次出现机动三轮车是在民国37年(1948年)。民国36年(1947年)秋,在川军人张云鹏、邓西初、张向农等组建四川退役军官合资 "快利机动三轮有限公司",其车源是利用废旧的二轮或三轮摩托车的发动机,还有废弃的飞机零部件,交由当时的捷成机械厂改装成机动三轮车,每辆乘人6位,共改有10辆,并于次年3月开张,专跑成都至新都之间的载客业务,生意也相当不错。成都至新都这条线人口出行量大,早已是长途黄包车的挣钱热线,当机动三轮车一出现,因其车速快,加之当时也不懂什么"排放"和"噪音",所以开张的机动三轮车很是春风得意。

生意好了,当然就得增加车辆。快利公司便日夜兼程赶工期,再次改装60辆机动三轮车,跃跃欲试,大干一场。然而"快利"忽视了一件大事,那就是黄包车。当机动三轮车势头正旺之时,一盆冷水泼来,成都县人力车工会的北部分会出手了,一时上街拦车，让你机动变"不机动"，甚至发生冲突，大打出手，明说你机动三轮车抢了我黄包车的生意，让人无法活了。后来闹到法院，其结果早已预料。黄包车尤其是长途黄包车这边，人多大如"西瓜"，机动三轮车无非就是一粒"芝麻"。

　　光阴荏苒，当机动三轮车再次出现于成都之时，已是20多年以后了。1969年，成都市东城区和西城区三轮车管理站共买回了34辆机动三轮车，即上海产的红卫250K型机动三轮客车，并于当年投入市区营运。这次投入的机动三轮车比20多年前的正规得多，是属封闭型的，能遮风挡雨，跟人力三轮车一样，只有两人座位，其形似杂草中的甲虫，所以俗称"小爬虫"。（图15-1）

　　次年，成都又购回济南产轻骑15型摩托车发动机，改装在人力三轮车身上，想是增加了机动三轮车总量，又减少了人力三轮车的总量。笔者在写作这个章节时，机缘巧合般地采访到了成都的资深市民、身为企业高管的建国先生。建国先生谈吐诙谐，一副黑架眼镜透出他的文人气质。果然，他答应了笔者请求，写了篇千字短文《电抱鸡儿梦幻曲》，娓娓叙述了他心中曾经热爱的"电抱鸡儿"，即红卫250K机动三轮车。

　　那是"文革"之初，建国先生刚十来岁，但对成都街上忽然出现的机动三轮车情有独钟，当然他当时并不关心此车是什么型号，只是对机动三轮车的机械性和发动机的声音尤感有趣，每当在院里听到"卟卟"的机动三轮车来到小街，便同小伙伴们奔出大院，将之围观，说有同伴甚至凑过去闻发动机的尾气，连连说

图 15-1

着好闻。那时的机动三轮车区别于建国先生常常接触到的人力三轮车,它怎么不拨动小小少年的心弦呢。其实呀,这些都是成都人对生活现代化和生产机械化的向往罢了,多么朴实和爱揣梦想的成都人哟。

建国先生在短文中所说的"电抱鸡儿",指的就是红卫250K机动三轮车。只不过是他形象地用了当年河南人用电加热升温孵化器,孵出了大量非母鸡原生孵出的小鸡的,由电"抱出的小鸡",即"电抱鸡儿",再把此名称移植于当时成都街头上机动三轮车身上。这是多么幽默的想象啊。所以,机动三轮车除原来的绰号"小爬虫"之外,又多了个"电抱鸡儿"的绰号。那么,在街上驾驶"电抱鸡儿"的人呢?无疑就是建国先生心中的偶像,他想象未来,自己是那个驾驶员将是多么的幸运和幸福。

其实,建国先生对机动三轮车有超高的敏感度,是有其内在因素的。他至爱的养父,在他少年时就是一位人力三轮车驾驶员,而且在成都解放前还是位黄包车夫,在解放后由政府安排转岗去川藏公路当产业工人,后因回成都结了婚又重操旧业,当上了人力三轮车驾驶员。那时,成都的人力三轮车驾驶员有股风气,那就是争做好人好事和争当先进生产者。其实,三轮车驾驶员也很吃苦耐劳。仲夏,重体力的驾驶员是汗如雨下;隆冬呢,风寒中的双手长满冻疮。或许,就是这股"风气"影响了建国先生,当然,建国先生也升了格调,就异常地热爱起了他当年的心中向往,那就是机动三轮车。

1973年初,成都三轮管理所又从济南购回轻骑15型全新机动三轮车(图15-2)40辆投放市区。随后,又陆续在闹市区设

立售票处，其点位有盐市口、火车北站、火车南站、火车东站、西门汽车站、南门汽车站、青羊宫汽车站、川医门诊部、红旗剧场、南郊公园。从购车和售票点设置来看，大都针对外地来蓉的流动人口，方便异地人出行。

但运行以来，不尽如人意，生不逢时！那时还是"文革"时期，出行人自带行李大包小袋，"小爬虫"机动三轮车的空间有限，乘客的行李也很难"爬"进去，乘客坐进去也无法观光，黑不溜秋的帆布篷让人如坐禁闭，哪能像人力三轮车那样，包裹可挂于车后，乘人视线良好。正如《成都掌故》第二集对人力三轮车乘感所描述："三轮车分机动、人力两种。人力三轮车随处可见，非常方便，且座位舒适、空气流通，便于浏览街景，颇为外宾喜爱。"

图15-2

"小爬虫"不但坐感不好，收费也"不好"，比人力三轮车贵了许多。"小爬虫"要拿钱买油，也理所当然运价贵，但谁又去理解谁呢？再当机动三轮跑上两年后，时常抛锚路上，噪声更是加大，时见其尾部黑烟直冒，让人感到污染严重。

　　既然你"小爬虫"不是"益虫"，或又叫你"电抱鸡儿"又没抱出什么好服务，被逐出市场也仅是时间的问题了。1985年，成都市区的机动三轮车大都被卖到了区、县市场，而行业管理也鼓励经营机动三轮的企业放弃高排放的车辆，引导企业转入了出租汽车行业。成都速达出租汽车公司就是成功转型一例，放弃了机动三轮车。

人力车业里的活化石——曾绍成

说曾绍成是成都人力车业里的活化石,是因为他从1938年至1956年拉了18年的黄包车,又于1956年转岗,成为成都首批人力三轮车驾驶员,而且一干又是14年,直至1970年退休,他的两段经历时间相加,整整32年。曾绍成拉黄包车时间一大半处在民国时期,在那兵荒马乱之时能生存下来,他已有很好的本领了,你能不说,他是这个行业里的活化石吗?(图16-1)

1951年底,成都对黄包车业进行了民主改革,成立了成都市人力车工会,使成都的黄包车工有了自己的组织,维护自己的权益。该会的"工人车费收据章"也在收费发票上全面使用,任何人乘车消费后,都能得到收据,并极大改善了黄包车业的社会

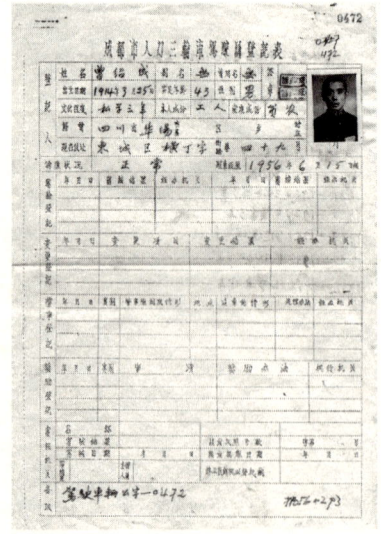
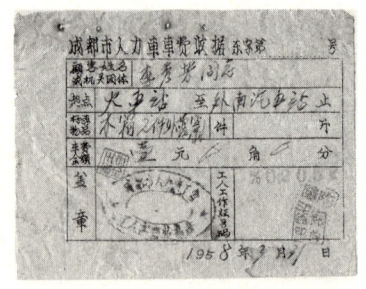
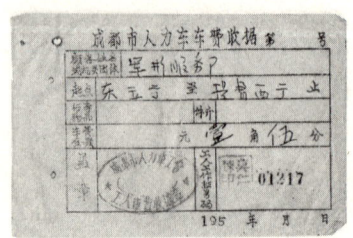

图 16-1

形象，服务逐步规范化。

　　1954年初，成都市公用局成立，黄包车业归属该局行政管理，其管理就有一个硬任务，就是如何及时将旧成都遗留下的黄包车以及车夫们转岗转业，使之成为新成都的一支公共交通的生力军。接了任务后，市公用局没有一刻懈怠，火速安排成都市公共汽车公司实施人力三轮车发展事宜。同年6月，公共汽车公司到上海采购的第一批共9辆人力三轮车陆续运回成都。到了1955年，又增加70辆。其中已有较大部分，是公用局指定成都走马街、皮房街、忠烈祠西街、盐市口等5家自行车店，把黄包车改装成人力三轮车，可谓那个时代的"两条腿走路"，一边采购新车，一边改装旧车，尽可能增大人力三轮车的拥有量。

　　1956年4月，市公用局经过一年筹备，正式成立了成都市人力三轮车管理所，定其职能，就是全面实施成都人力三轮车的发展规划，并创造性将人力三轮车工人，从职业上定性为驾驶员，同管理城市公共汽车一样，去管理人力三轮车，去发挥人力三轮车的公共交通功能。把人力三轮车工人的职业定性为驾驶员的，成都在全国虽不是第一家，但也走在全国前列。在20世纪50年代初，上海就率先实施了，很有一种全新的感觉，人力三轮车的劳动者驾驶着我们的车辆，高昂地行进在新中国的大道上，你能不说他们就是我们的驾驶员吗？接着，还有华北重镇太原、中部地区的武汉、南方大城市广州，以及海口、佛山也开始实施了人力三轮车驾驶员的职业制度，而成都，则是在1956年4月就毫不犹豫地跨入了行列。（图16-2）

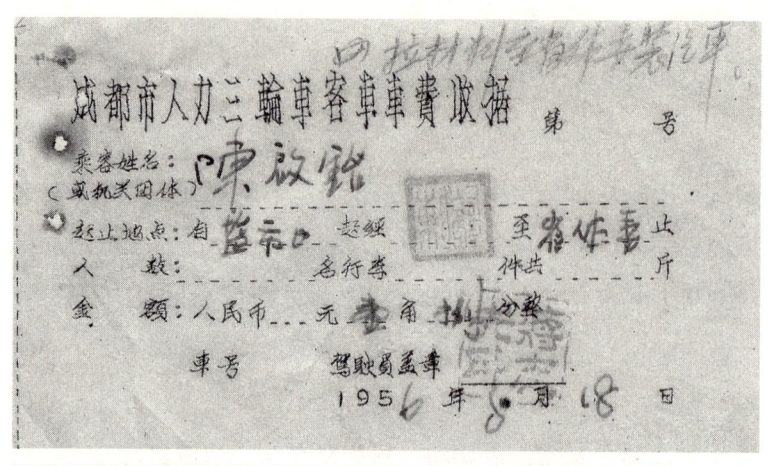

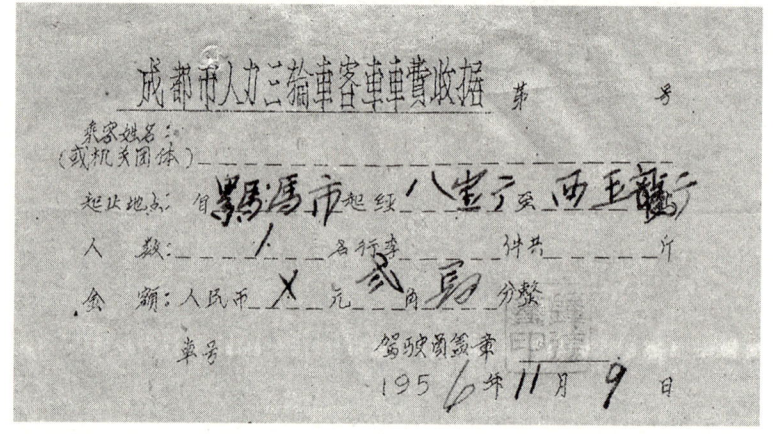

图 16-2

　　既然成都在那个时代诞生了这个新的职业，那人力三轮车驾驶员的入行就有了全新的标准，而且还不低，对于想入行的人，当然就有了方方面面的要求，仅一项民访调查，就让好多人过不了关。笔者曾采访过成都劳模的哥江茂成，以及的哥公益献血大王冯光智，他们都表示，在小时候见过有人想当人力三轮车驾驶员的事情。冯光智说,他小时候住在一个大杂院,有一天市里面安排居委会主任到他住的大院里来调查一位姓王的叔叔,说王叔叔已申请要去成都市三轮车管理所去当驾驶员,所以来院里向邻居做他的民访调查,内容有时事政治、思想道德、服务意识、邻里关系等等。冯光智还说,他亲眼所见他的父亲在调查表上签了字,按了手印。可见,在那个时代想当上一名人力三轮车驾驶员,是何等郑重其事又何等高标准,择优入行是毋庸置疑了。

拉了18年黄包车的曾绍成,就在这个时刻——1956年6月15日,幸运地成为成都市首批黄包车工转岗的一员,当上了公营人力三轮车的驾驶员。他驾驶的第一辆车是公营-0427号,第一本驾驶执照号560293,并于1956年6月24日,正式填写了他当上驾驶员的第一份表格,即成都市人力三轮车驾驶员登记表,并盖上了私章,贴上了黑白证件照。至此,曾绍成就异常兴奋地佩戴着成都市人力三轮车管理所颁发给他的客运服务证,穿行于成都的大街小巷。

曾绍成为何会如此幸运,这就是凭借他的"硬功夫"了,他的转岗申请材料中,有两处表述对他十分有利。一是他的"1938年至1956年拉人力车18年",这条恰恰是一条很硬的杠子,当时市政府就是在想方设法,要把旧社会遗留下来的黄包车夫从劳苦中解救出来。二是曾绍成在1952年初,首批加入了成都市人力车工会,还当上了工会小组长。市政府是于1951年底开展的黄包车业民主改革,成立了成都人力车工会,号召工人群众争当新社会的主人翁,而那时,曾绍成首批加入工会并当了小组长,

可见他在政治上的觉悟是如何之高。仅仅就是这两条表述，就让曾绍成幸运地走上了驾驶员的岗位。

曾绍成是四川华阳人，他本人不仅是成都人力车行业的活化石，他所在的大家庭，也是个拉黄包车的大世家。他的舅父王麟祥，也是从民国时期拉着黄包车跨入新中国，后被政府安置转岗到了四川机械厂当工人的；他的二弟曾德成、三弟曾直修分别小他8岁和10岁，但也如他一样，在民国时期靠拉黄包车生活，在成都解放后，也被安排转岗到宝成铁路段去工作了。也就是说，只有曾绍成最爱成都这个老行业，一干32年，把自己炼成了活化石。

1958年，在成都市三轮车管理所的下面，又分别成立了成都东城区和西城区三轮管理站，曾绍成于当年被分配到了东城区三轮车管理站第三中队六分队三组工作。第三中队的六分队也叫王家分队。在1960年，曾绍成由于工作业绩突出、群众拥护，当上了不脱产的管理干部，即王家分队的财务员和财金小组长。除坚持驾驶三轮车上线营运外，他还要对分队的各位驾驶员的营运收入进行催缴和做相关财务业务工作，多年来也毫无差错。据曾绍成方方面面的文字资料显示，从20世纪60年代以来，他几乎年年被评为先进生产者，其鉴定和评比材料在今天读来，也让人肃然起敬，当然，那个时候的文字材料无不有着那个时代的烙印，可谓"一读老材料，梦回五十年"。

1963年6月28日，曾绍成所在工作的三组组长栗秀海在他上年工作表现鉴定表是这样写的："经过学习以后，能够正确地执行工作，对乘客态度很好，对产妇是随叫随拉，积极为产妇服

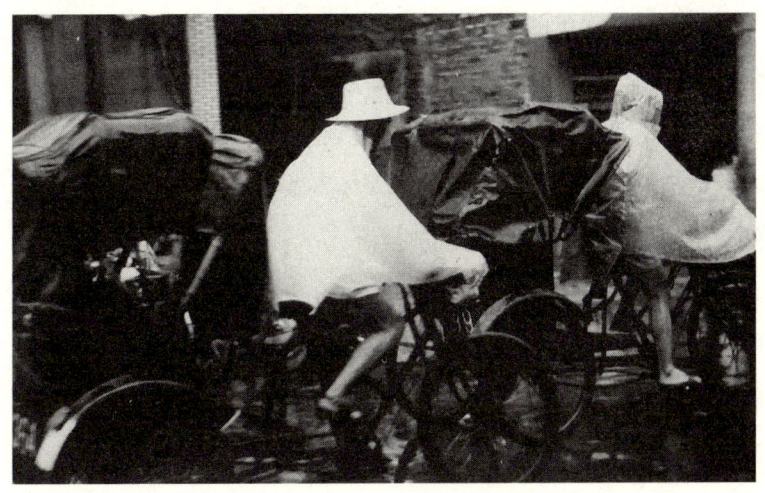

图 16-3

务,不挑双抛单(意思是不选双人客而嫌弃单人客),对同志的关系搞得很好。"

1965年3月24日,三轮车城东王家分队再次评定曾绍成为上年度的先进事迹,其材料是这样的:"曾绍成同志担任财经组长,从未发生过差错,做到了上下清、交清、结清。在服务工作上,不看人说话,不讲客观,有求必应,随叫随到。一次由东丁字街送一位急病人到省医院,那时已深夜二点钟了,天下着大雨,但他还是平安地把病人送到了医院,病人感谢不已,从而更加体现了该同志高尚的共产主义风格和工人阶级的本色。"笔者在这段文字的写作过程中,同样被我们城市的这位人力三轮车老的哥的人生观和服务观所感动着。那感动我的东西,仿佛一下子压缩了时空,猛然穿越到了身边,活灵活现的事迹犹如刚刚发生。

(图16-3)

王家分队做出的曾绍成同志先进材料,在写作上也是相当出色,其材料的后半部分把曾绍成事迹归纳成了"四好一敢"。那就是:思想政治好、服务态度执行运价好、安全卫生爱护车辆好、上缴任务完成好;敢于同坏人坏事做斗争。大家看看吧,这样一位同志,能不被评为先进吗?

1966年2月13日,王家分队要再次评定曾绍成为1965年度先进生产者,在其小组鉴定材料中有这样表述:"政治思想挂帅,年纪大体弱,但经常代(带)病为大家服务,大公无私,如运粮是(食)积极主动多装,有次因车坏了能借别人的车子来完成运粮任务;车辆经常保持清洁,人身衣服做到勤洗勤换。"确实,这时的曾绍成已有53岁了,由于他从1938年来,就在成都的大街小巷里穿行了28年,已不知有多少人乘坐过他的黄包车和人力三轮车,而他呢,正如小组鉴定中的"年纪大体弱"。其实,他已患上了人力车的职业病,就是慢性胃炎和气管炎,加之在民国时期拉黄包车时曾左脚骨折过,年纪大就常隐痛发作。但曾绍成没告诉伙计们,而他的病痛,则是在1970年3月15日再次填写职工登记表中,按填表要求,才无奈地"暴露"了。

曾绍成的鉴定材料,都是他的同志们共同做出的,当我们今天再次读到他的鉴定材料文字,可直观地感到他忘我地为人民服务,他心中只有乘客,他不是我们人力三轮车驾驶员中的英雄,谁又是呢?时过境迁,半个世纪前的曾绍成,在今天,依然是我们敬重的榜样。

1966年1月24日,曾绍成为自己的1965年的工作做了一份"自我鉴定",按当时程序的要求,在王家分队做出曾绍成的鉴定前，其本人需先向组织汇报。曾绍成的自我鉴定有五条，第一条是这样："政治思想与学习：经过主席著作为人民服务、纪念白求恩、愚公移山等学习后，从思想上提高了认识，明确了为谁服务和只有搞好现时服务工作就是光荣的，从政治上以批评、自我批评的武器来团结全体同志、共同进步。"曾绍成的第四条鉴定是："好人好事：深夜护送病人未收费二次，代（带）病护送病人三次。"曾绍成的这条自我鉴定，我们今天开着出租汽车的现代的哥真该仔仔细细读，今天的出租汽车是靠石化燃料作为车动力，而曾绍成驾驶人力三轮车则是靠自己的体力作为动力，他深夜送病人不收费，我们今天的出租汽车驾驶员又有什么理由对你的乘客斤斤计较呢？更有甚者还绕道宰客，一想到此，真是羞死人了。

在曾绍成的自我鉴定"代（带）病护送病人的三次"中，笔者读到了他的"带病"是真真切切的"带病"。在组织上的"代（带）病为大家服务，大公无私"，对他的病是感性的判断，因为曾绍成从不提及自己有什么病，而曾绍成的自我鉴定中"带病"，是他不得已而为之了。他真的有病了，胃炎、气管炎和脚踝骨伤折磨着他，最后他于1970年3月15日的一次职工登记表中，终于向组织"坦白"了自己有病。这时曾绍成已经58岁，这张表，也是发现的有关他的最后一份资料。

笔者想着，曾绍成该是带着病退休了，他也应该退休了，好好养下自己。但是，他当人力三轮车驾驶员的先进事迹却没有退休，不然我们怎么会发现他的为民服务事迹呢……曾绍成不仅仅是成都人力车业的活化石，更是一种精神，永远闪耀于成都的大街小巷。

六十年前，三轮车驾驶员里的『书法家』

看此标题，以为是记叙了一位六十年前的人力三轮车驾驶员，且他还是一位"书法家"，当然，称其为"书法家"，是民间叫的，是因他写有一手好字。其实，这篇文不仅写了"书法家"杨吉明，还写了另外两位三轮车驾驶员马海岑、张鸣皋。

1956年3月，三位不曾相识的无业市民不约而同地在此时投资购买了人力三轮车。他们共有的个性就是胆子大，在成都20世纪50年代就自筹资金投资购买人力三轮车，打响了新成都个体自然人投资出租交通工具的第一枪。

马海岑、张鸣皋、杨吉明三人投资人力三轮车，与改革开放后的成都个体户投资出租汽车，以及后来的出租汽车经营权，既是相同的，但又不尽相同，这话怎么讲呢？说相同的话，马海岑、张鸣皋和杨吉明当年举债借钱投资人力三轮车，敢为天下先，敢于投资，似乎后来投资出租汽车的人也继承了他们的精神，敢在30年后的改革开放时代，投资买出租汽车，甚至还有人花30万元投资出租汽车的经营权。不管怎么说，前者与后者都把资金投入了成都的出租交通行业。这就是他们之间的相同之处。

那不尽相同又是什么呢？20世纪50年代老的哥大胆地投资人力三轮车这个出租交通行业，是为了一份引以为豪的工作岗位，为了实现他们为新成都建设做贡献、为人民服务的心愿，当然也为养家糊口。时至30年以后，成都又有一批人投资出租汽车这个行业。其中，有自己开出租汽车营运的，又有仅仅是投资的，投资是为了理财,为了资金的回报。这个相同又不尽相同的投资行为哦,真实刻下了各个时代的印记。

马海岑、张鸣皋、杨吉明他们三人也是幸运的,幸运的是赶上了当时人力三轮车的投资"双轨制"和管理的"单轨制"的好政策。"双轨制"就是在市政府投资从上海和西安引入公营人力三轮车之时,也许可成都市民购买在指定修车行生产的人力三轮车,其实质就是把黄包车改造成人力三轮车,并可连人带车入行,进入统一营运管理的"单轨制",进而为民服务。

1956年的3月,在马海岑、张鸣皋、杨吉明投资购买了人力三轮车又经过民访调查合格后,就兴奋地当上了人力三轮车驾驶员,此刻,他们为人民服务的故事也就开始了。

马海岑跨入了人力三轮车驾驶员这一光荣职业岗位后,便开始了他为人民服务的践行。1959年,成都市人力三轮车管理所的职能,也在城市人民公社化的时候,陆续被划分到了街道人民公社的人力三轮车管理站,而马海岑以及他驾驶的三轮车则被划入了春熙人民公社三轮车管理站。这些管理职能的重新划分,并未影响到马海岑的服务热情。春熙人民公社三轮车管理站在1959年开展了"六好评比打擂比武"活动,由于马海岑"六好"突出,被他的工作组草拟了评比材料,并全体通过,在其材料中有"呈请组织审核"字样。这个"组织"所指的,就是春熙人民公社三轮车管理站。这份马海岑的评比上报材料,在其前言陈述后共有甲、乙、丙、丁、戊、己六条,其使用编号仍然是中国最最传统的表述方式,其内容在我们今天读来也依然让人感动。材料的前言这样说,"在六好评比打擂比武后该同志更进一

步认识到自己应发挥共产主义的风格处处为工作着想，因此极积（积极）响应组织号召树立全心全意服务的观念。"在上报材料的乙条有服务工作表述："不嫌单双远近，喊着就去（说的是马海岑不挑单双客人，从不因自身利益有拒载行为），经常到居委会联系送伤病员，如在二月份先后有两次都是在深夜送病员未收车资，三月份在燕鲁公所送病员到中西顺城街未收车资，有一天晚上十点多钟在武圣街送一病员到草市街门诊部未收车资，有一次在沙河堡送一货车工人到第三门诊部后又到第一医院隔了很久才收到车资也无怨言。"

这份上报材料所述的事迹，就朴实地在讲着一则则马海岑为民服务的故事，透过那么短且十分口语般的陈述，一位人力三轮车驾驶员的形象就那么逼真地展现了出来。马海岑在工作中对病客的免费是自愿的，对欠费又那么不在乎。马海岑的上报材料中，丁条描述更有趣，说了生笑，"清洁卫生：车子经常打扫得干净，个人也做到常洗澡、理发和换衣服。"今天的我们应当看看，当年的"六好"评比活动一定也包括了爱国、卫生活动，把驾驶员们讲究个人卫生也纳入评比条款。

1960年左右，成都的各个街道人民公社三轮车管理站被撤销，再次恢复了成都东城区、西城区三轮车管理站职能，马海岑又被分到了东城区三轮车管理站五队三组工作。1961年，他正式当选为该组的班组长，是个不脱产的"超级芝麻官"。马海岑的官位微小，但他为民服务的雄心大。1964年，他又被评为了东城区三轮车管理站的年度先进，其上报材料依然是把他大大地赞扬了一番。当然，赞扬之词是朴实的，且无一夸张。

张鸣皋如愿地当上了人力三轮车驾驶员,并被分配到成都市人力三轮车第一队第三组工作,1959 年,又同时与马海岑一道被划归到刚成立不久的春熙人民公社三轮车管理所,并再次按要求填写了"职工登记表"(图 17-1)。张鸣皋殊不知他当时填写的这张用拓蓝纸拓印的,共有 6 个页码的原始表格,在今天看来是何等的具有收藏价值。同时,也说明刚成立不久的春熙人民公社三轮车管理所的办公条件很差,但为了迅速组织生产,匆匆忙忙地把最为简便的人工手写拓蓝纸,大胆地用于了生产需要。

张鸣皋驾驶人力三轮车的业绩,远远不如年长他 5 岁的班长马海岑。或许他还没有找到驾驶人力三轮车的感觉,所以,前几年也没受到什么表扬,也没被评为创建活动的先进分子。他的表现,就如他在 1957 年 3 月 20 日填写"人力三轮车驾驶员登记

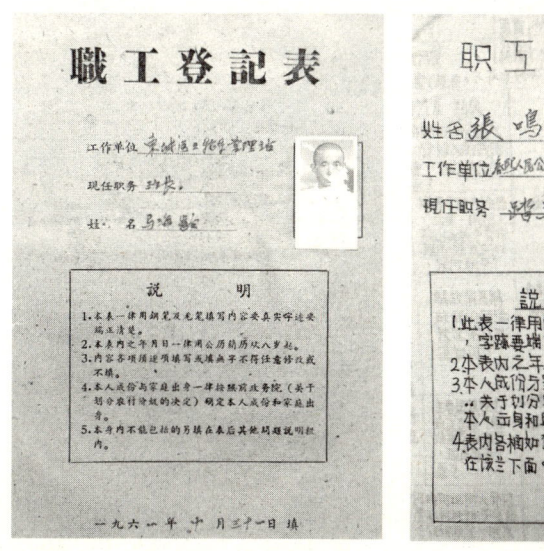
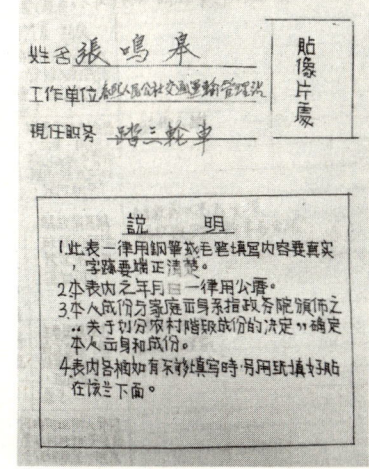

图 17-1

表"（图17-2）中的自我鉴定中所说，"一贯平常。"

跨入20世纪60年代，"一贯平常"的张鸣皋忽然变化了，开始热衷于公益的义务劳动。1965年8月9日，由于他已有热爱公益活动的业绩，在有关部门考核审批同意后，正式填写了"成都市义务交通员登记表"，从此，张鸣皋便以"义交员"的兼职身份上街服务，这种义务劳动让他有了全新的生活感受。他在1966年的工作自我总结中这样说："学习后更进一步提高树立全心为广大群众老弱病伤残服务的观念：1. 人民东路45号，夜间三点钟送孕妇至实业街产院，又人民东路六月份十二点送小儿至三人民医院小儿科医治。2. 每月上缴按期完成，旧账早完清。3. 爱护车辆，清洁美观，永不发生车祸事故，服从交通民警指挥，坚决执行运价过点买票。4. 缺点：在学习时间发言很少。5. 开会有一次迟到。"

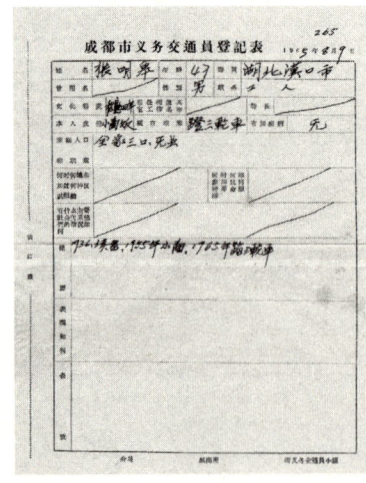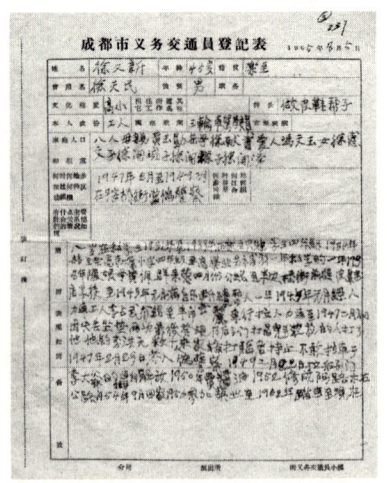

图17-2

张鸣皋当上了"义交员"后，工作和生活态度发生了很大的变化，这毫无疑问是公益活动改变了"一贯平常"的他。然而，张鸣皋曾当过"义交员"这件事，则引起了笔者的好奇。不是说直到21世纪才有"义交员"这一临时职业吗？成都高速城市化后，人流车流的增加远远超过了街道拓展的数量，交通流量不堪重负，成都的"义交员"也就诞生了。在今天的重要交通路口，谁不见他们忙碌的身影。但人们"好奇"的不是今天路口异常忙碌的"义交员"，而是成都20世纪60年代的"义交员"。原来咱们成都人多有创新能力，在20世纪60年代就有了"义交员"这一职业，这一职业虽未列入职业名录，属临时性工作岗位，但它是真真切切的创新能力的体现呀。我们或许会猜想，在如今全国各地城市比比皆是的"义交员"，或许就缘于成都于20世纪60年代就创新了这一"职业"吧。

在成都解放后出租交通史上，首批投资人力三轮车的自然人中，年纪最小的当属杨吉明了，他当时是27岁的小伙子。在他跨入人力三轮车驾驶员行当之前，他身体好，当过建筑工人。1951年至1955年10月，杨吉明在康藏公路局工作，其全部时间都在二郎山路段修公路，并在1952年度被公路局评为二等模范，所得奖励是一个日记本、一张毛巾、两块肥皂，并有一份喜报，可谓那个时代的"两手抓两手硬"了。物质有小三件，精神有一大件，这个"大件"当然就是喜报了。

笔者始终未查找到杨吉明当人力三轮车驾驶员后的工作和生活业绩，但所幸的是收藏到他的一份"自传"（图17-3）。杨吉明当上人力三轮车驾驶员填写的第一份"成都市人力三轮车

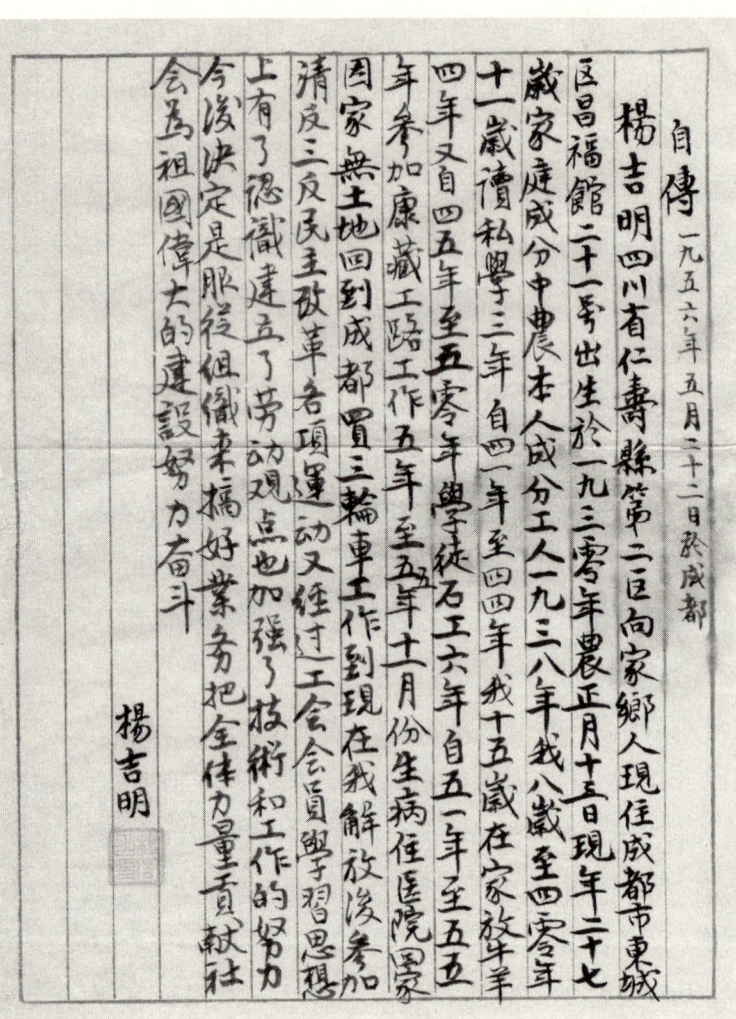

图 17-3

自傳　一九五六年五月二十二日於成都

楊吉明四川省仁壽縣第二區向家鄉人現住成都市東城區昌福館二十一號出生於一九三零年農正月十五日現年二十七歲家庭成分中農本人成分工人一九三八年我八歲至四零年十一歲讀私學三年自四一年至四四年我十五歲在家放牛羊四年又自四五年至五零年學徒石工六年自五一年至五五年參加康藏工路工作五年十一月份生病在醫院因家無土地回到成都買三輪車工作到現在解放後參加清匪反三反民主改革各項運動又經过工會會員學了習思想上有了認識建立了勞動觀点也加強了技術和工作的努力今後決定是服從組織来搞好業務把全體力量貢獻社会為祖國偉大的建設努力奮斗

楊吉明

驾驶员登记表"的时间是 1956 年 5 月 19 日，而他撰写"自传"的时间是 1956 年 5 月 22 日，也就是说，杨吉明正式上岗当驾驶员后的第四天，他向组织提交了用心书写的"自传"，向单位表白了心声。

　　杨吉明当年的"自传"是感人的，且不说他"自传"所表露的"心声"，单是他对组织的态度，是那样扎扎实实。更让人不可思议的是，人力三轮车驾驶员杨吉明，居然犹如书法家一般，写得一手好字，要知道，一手好的小楷功夫，那得几年才能磨出！

　　字如其人，虽未采访到杨吉明什么事迹，但通过读他的自传与书法，也可猜想许多了……最后，还是还了愿，给他取了一个恰如其分的名字，叫：三轮车驾驶员里的"书法家"。

「全民下海」的出租汽车

20世纪80年代中期，成都的出租汽车是全面陷入了"全民下海"的时代。所谓"全民下海"，就是五花八门的小汽车和面包车都当上了出租汽车，而且它们大都是二手旧车，如果不是头顶上有着TAXI的标志，乘客很难识别它们的真面目。

当时的成都市客运管理处就敢这样发起号召，让敢于闯入出租汽车这个新生行业的人，带上车，再带上自己，办个简易的行政许可，明天就可去成都的大街小巷经营出租汽车业务了。那时，成都市客运管理处是出租汽车的行业行政管理部门，简称"客管处"。它也是很开放的，成天想方设法吸引民营经济带车上门，授权其出租汽车经营许可，满足突如其来的社会和市场的需求。况且，正值改革开放初期，市政府也无什么更多的专项资金投入出租汽车行业，所以，客管处使出的这招，真是皆大欢喜。社会资金和民营资金都找到了投资渠道，同时也满足了市场对出租汽车的迫切需求，而投资人呢，更是快速地赚了钱。

没有车型的门槛，也没有车龄的限制。现在看来，仍要说客管处是个管理出租交通市场的高手。那个时代要买到一辆小汽车，是何等的艰难，汽车供给是国家计划指标体制（图18-1），每辆车都有相应的指标计划，哪怕是一辆二手旧车，非一般人是根本无法问津的，而客管处恰恰利用了社会各种人的力量和资金，再给你一个便利的政策，抛出了一招"重赏之下必有勇夫"的手法，史称"全民下海"的出租汽车时代，就在这样背景下诞生了。这个时代,大约在1985年至1992年之间尤为风靡,共有多少车型的小汽车和面包车下了这个"海",今天调查起来已非常困难

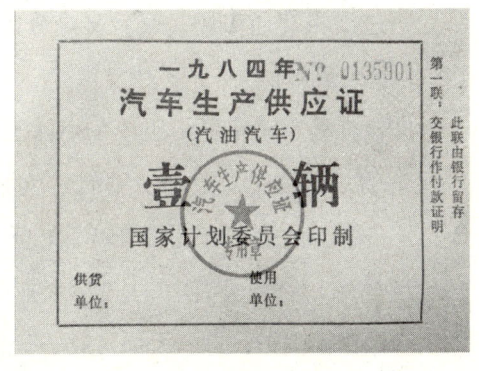

图18-1

了。据被采访的成都资深老的哥们讲,最少也不下20个车型,有的车型仅有1辆车,有的车型可有上百辆。有老的哥还说,这些杂牌车型跑出租汽车时间都不长,进出行业也频繁,但这段短短的经历,却留下了许多难以忘怀的故事。

一、与成都有缘分的"大奔出租车"

用德国大奔做出租汽车,成都早在1957年就干过。当时用过全新的4辆奔驰220a/W180小轿车,该车刚在德国推出两年多,成都就花20万元买回来做小汽车出租业务,扎扎实实地在成都风光了一年多。只因后来遇上汽油奇缺,奔驰小轿车的出租业务才歇业了。那时,还没有"出租汽车"这个概念,更没有什么TAXI标志的说法,所以叫"小汽车出租"。"出租汽车"这个名词是20世纪80年代初才逐步传入成都的。

在成都出租汽车的"全民下海"时代,又有一辆德国奔驰280S/W112小轿车跑来成都,赶潮流般地当上了出租汽车,它虽然孑身一"车",但却阅历丰富。它出过国,当过兵,下过

乡，闯过出租交通市场，最后又缘分般地去了三和老爷车博物馆，可谓"五味俱尝"了。

这辆奔驰小轿车是出租汽车个体工商户邝先强先生于1989年买下的，而且还是极其少见的红色涂装车，这款奔驰280S/W112在德国的生产年份是1961年至1971年，共生产28918辆。当时有人诧异，疑问车主那么大把撒钱，买如此高档又耀眼的大奔做出租汽车，有"大炮打蚊子"的感觉。而邝先强又是如何想的呢？或许，他要的就是一种感觉。这辆红奔驰又是如何到了邝先强手头，只有采访了他，才知来龙去脉。

这辆红奔驰从德国出口，不远万里来到广州，当上了广州军区首长的专用车；在改革开放初期，又辗转来成都三圣乡，当了乡长的坐骑；又于1989年被邝先强先生买下当出租汽车；在"全民下海"的"海"里游了两年，最后被成都三和汽车集团董事长黄宗敏看上，收入了他的老爷车博物馆。它一生荣光，就这样找到了归宿。

这之前，邝先强是个家具厂的老板，由于看好成都出租汽车这个新生市场，便和他的合伙人葛学良双双放弃家具厂，去当了出租汽车的个体车主和驾驶员。看来当时的"全民下海"不仅吸引各型小汽车下海，更是诱惑了各行各业人物下海，这也可见，当时的出租汽车市场是何等的火爆。邝先生在1989年买的这辆红奔驰还是个"右满舵"，就是方向盘右置式。用它当出租汽车几天，邝先强总感不方便，找不到开高档豪华车的感觉，便找到当时的成都宏明进口汽车修理厂改装，把这个"右满舵"成功地改造成了"左满舵"。实现了邝先强的愿望的就是这个修理厂的老板黄宗敏。或许黄宗敏当时就看上了这辆红奔驰，或许未来的缘分就从此刻种下。打那以后，邝先强开心地驾驶着自己的爱车，常在锦江宾馆、岷山饭店、双流机场一带蹲点服务。高档红奔驰当然要配高档饭店，邝先强是一路"车红"，饭店则是生意红。

  2015年初，笔者托老的哥林国春到邝先强家索请当年红奔驰的老照片，结果无功而返。邝先强是舍得花大钱买奔驰，却舍不得花几块钱去给爱车照个相。不过也好，邝先强则是无意之间，把这个照相的机会留给了四川梦工坊蜀绣有限公司，他们公司的绣娘用灵巧的手指，给红奔驰"照"了一幅蜀绣标准照（图18-2）。这个标准像至今仍藏于蓉城的士文化博物馆，凡来参观的人们，无不喜欢这辆红奔驰。

  缘分就是个巧，红奔驰出租汽车的绣片在蓉城的士文化博物

图18-2   四川梦工坊蜀绣有限公司 创作

馆,而它的真身呢,却在成都三和老爷车博物馆,正等待着人们去阅读它的一生经历。

二、小小出租车:菲亚特126P

菲亚特126P是一款很有故事性的东欧车型,其绰号叫"小土豆",还有"大头鞋"。叫"小土豆"是形容它个头小;叫它"大头鞋",是因为它形如一只踏雪的鞋子。其车体长305厘米、宽137厘米、高130厘米、轴距184厘米,车重仅600千克,搭载一台0.65升后置双缸风冷发动机,最大功率24马力。它在成都当出租汽车用时,被戏称"小小出租车"。顾名思义,也就是很小的小轿车。它的生产商是谁呢?仍是成都出租汽车业界所熟悉的菲亚特125P的生产商波兰FSO。

波兰FSO意为波兰乘用车工厂。好些人对该厂较陌生,但它跟中国很有车缘,它是苏联高尔基汽车制造厂于1951年援建波兰的第一家汽车制造厂,其生产出的首款波兰小轿车,就是"华沙M20"。随后该厂于1962年升级推出了"华沙200"和"华沙223",两款车共生产了25万辆,大部分出口到当时的东欧社会主义国家。当然,中国也进口了数千辆华沙小轿车,但全部通过易货贸易方式进行,并迅速成为当时政府重要部门和军区高层领导的专用车。所以,当时的百姓一旦听到某某人是乘坐"华沙"的,就能猜出那人的身份和地位。1965年,波兰FSO的领导机构,波兰汽车制造者协会的贸易公司与意大利菲亚特汽车公司洽谈合作,达成了菲亚特125P在波兰的生产许可。1971年,双方通过再次谈判,又一次达成了菲亚特126P的生产许

图 18-3

可。大约于 1980 年和 1985 年，菲亚特 125P 和 126P 先后进入了中国市场，两款车型与它们的前辈"华沙"有相同之处，都是通过搭乘易货贸易之船来到中国的；而不同的是，前者专供军政公务车之用，后者则专供中国的出租汽车市场，而且非常成功。菲亚特 125P 在成都的首家使用者是国营成都出租汽车公司（图 18-3），而菲亚特 126P（图 18-4）的使用人则大都是出租汽车个体工商户，究其原因，不仅仅是因它体型小巧，更是因其"价廉物美"。当我们小叙了波兰 FSO 的来龙去脉后，才如梦初醒，原来此车商我们是那么的熟悉。

当菲亚特 126P 在波兰 FSO 生产下线，那玩具般小得可爱

图 18-4

的车款，迅速成为波兰小轿车消费市场的主导车型，尤其是那极具诱惑力的车价，如潮水般推倒了老百姓购车的门槛。该车型在意大利生产称之菲亚特126，为何到了波兰就有了"P"这个尾巴呢？其实也没什么大学问，"P"仅代表该车在波兰授权生产而已，区别了该车型的原产国与非原产国。时至1985年，波兰FSO已疯狂般生产菲亚特126P超过300万辆，这个生产数据早已让欧洲各国大为震惊，更让菲亚特汽车公司始料不及的是，菲亚特126P竟向原产国意大利出口80万辆，真是一大笔"出口转内销"生意。其实，这张出口转内销的意大利订单，并不能满足波兰FSO的胃口。

1985年，波兰向中国政府相关部门提出，想用一批小轿车填补购置中方机床的差额，其交易方式是同以往的菲亚特125P一样的易货贸易，而中方人员欣然同意。当时波兰官方人员所说的小轿车就是指菲亚特126P，他们十分自信中国市场和老百姓会喜欢它，因为波兰的老百姓抢购这款小轿车已成风潮。当这款很小的小轿车来到中国，显然它是不宜像当年华沙车做行政公务车使用和消费，不久，《人民日报》刊登了菲亚特126P的广告，这个广告鼓励私人购置小轿车，尤其是在全国率先富起来的温州百姓，迅速引发了126P的购车潮，小小的菲亚特126P，就这样坐上了中国百姓购车第一款的交椅。

成都人敢于赶时尚，理所当然地把菲亚特126P接来成都，当作了出租汽车之用。"一分钱一分货"也是真理，菲亚特126P价格便宜又可爱，但它以省了配置为代价，比如无车用空调，在南方城市的夏季使用，其感如坐蒸笼。但它的缺点似乎并未影响它的形象，仿佛是"一小遮百丑"。

成都劳模的哥江茂成开出租汽车30余年，开过的车型有8款之多，但这款菲亚特126P却是他的最爱。他当时才20多岁，有一个梦想，就是自己拥有一辆菲亚特126P。如今，每当他回忆当年时，仍是兴奋有余。因为就是小小的菲亚特126P，把他引入了的哥之路。

江茂成在20多岁时，是国营成都木综厂的采购员，还是个干部编制，端的也是个"铁饭碗"。1985年3月，成都改革开放的春风把江茂成"吹"出了厂外，他辞了"官职"，自信满满地要"下海"独闯天地。凭他当过采购员的本事，迅速找铺子，找货源，找人手，仅仅一个月，就当上了五金店的老板，然后又迅速地当上了万元户。但有一天，江茂成突然看见了一辆让他终生难忘、又小巧可爱的小轿车，那就是菲亚特126P。江茂成

当时并不知道它是什么车型，仅仅就因这车小得可爱，单车门，乳白色涂装，其时在成都出租汽车行业里，就只有几台而已。就是这个"一见钟情"，打动了江茂成的心，同时也暗示着江茂成将终身"与车有缘"，后来也恰恰印证了这个"缘"。从此，江茂成对菲亚特126P念念不忘，也常做白日梦。1986年，江茂成跑到驾校学习开车，当揣上正式驾照两个月的时候，他卖掉了五金店，四处求人托关系买了辆二手车，一头扎入了成都的出租汽车业界。当的哥一晃就是30余年，还奇迹般地当上了成都市劳模的哥，被业界称为"成都活地图"，常上成都电台做城市交通的现场节目，仿佛没有他不知道的成都路和成都好吃好耍的地方。如今，人到中年的江茂成还时常说，他当初虽未买到菲亚特126P，但他始终感恩菲亚特126P。这辆小小的出租车，在他心中就像灯塔一般，将他引向了的哥之路。

三、临时风光的"夜明珠"

20世纪90年代初，把成都某厂制造的夜明珠小轿车拿来当出租汽车之用，也仅有成都人敢作为了。此车当上了出租汽车，就迅速出了名，因为出租汽车在大街小巷露脸和载客，远超私家车。当时选用"夜明珠"多为出租汽车个体车主，他们也属无奈之举，出钱也难拿到东欧和日本的品牌车，就拿夜明珠小轿车来做出租汽车，总算是有了车，总算可上路去赚钱。

那时，成都有好些人对夜明珠小轿车不感冒，仅品牌名"夜明珠"就土得掉渣，更有甚者，认为它的样子也长得十分滑稽。其车身是玻璃钢一次成型的，车体单看也不是大而笨拙，只是它的四只车轮配置得又窄又小，当两者一搭配，就感觉车身特大、车轮特小，人们在大街上远远望去，"夜明珠"就犹如一只快跑的老鼠，所以又有人称之为"地老鼠"。其实，把夜明珠小轿车当出租汽车使用，并不是那么糟糕，甚至还得到了一部分人的喜欢。

1991年底，成都出租汽车服务公司得到可靠消息，如日中天的出租汽车经营许可的行政审批将终结，市政府将于次年推开出租汽车经营权的公开拍卖。这个消息如炸雷一般，震撼了成都的出租汽车业界，同时也给好多成都人以春天般的希望。当时的出租汽车市场的火爆，早已导致了行政许可"一票难求"，公开拍卖，总有幸运一刻的诞生。这条消息对于成都出租汽车服务公司来讲，是异常棘手的，他们手里正有50辆出租汽车行政审批了的许可指标，但在次年新政的政策下，不得跨年使用，就是说必须在本年度，买

图 18-5

到新车将指标用掉，唯一的办法只有找到车源。服务公司在"两其难取其轻"的决策下，抢购了50辆"夜明珠"（图18-5），并火速推其上线营运，扎扎实实地保住了显得异常珍贵的经营权指标。"夜明珠"上线当天，服务公司还搞了简易的仪式，请来了省市电视台予以报道，让"夜明珠"风光了一把。随后几天，在成都的火车北站、城北汽车站，以及荷花池一带的各类商品批发市场，就能常见色彩涂装多样的"夜明珠"。外地到成都进货的商贩们才不管什么车款来当出租汽车，只要是出租汽车就行，所以，此时的"夜明珠"显得很被外地来客喜欢。

  笔者曾听服务公司的老总说，这批车还经常进出城隍庙电子商品市场，尤其是从火车北站和城北汽车站出来的外地商家，总是爱打"夜明珠"直奔城隍庙电子市场打批发。正巧，笔者遇上了成都金牛区个私协城北分会会长黄文清，他同时还是城隍庙电子市场行业协会的党支部书记。从对黄文清的采访中，印证了当时"夜明珠"与城隍庙电子市场的往来与依存关系。黄文清说，当时他们非常乐见出租汽车与城隍庙市场常来常往，既方便入驻市场的厂家，又方便采购的客户，他们协会还曾经做了不少的宣传牌，产生的效应远远超过了他们的想象。有的厂家开始对"夜明珠"出租汽车进行包租，凡有上门采购的客户，他们都是一个电话或传呼，就让"夜明珠"到车站接人，如此方便快捷，哪个生意人不喜欢呢？在这个"长包业务"外，还诞生了服务"专线"项目，那就是"夜明珠"的驾驶员常替厂家跑绵阳长虹厂、自贡无线电厂和乐山的一些矿区，厂家根本不用亲自出马往返于这些中小城市，都是"夜明珠"驾驶员一人搞定。"夜明珠"的

"长包业务"和"专线服务",让它总在这些人心头明亮着,也风光着……

四、江茂成的"红色红旗牌"与王益山的"达契亚"

资深的哥江茂成的"红色红旗牌"小轿车(图18-6),不是长春一汽的红旗牌小轿车,而是东欧国家前南斯拉夫生产的。在20世纪80年代的成都,这款出租汽车仅此1辆。而个体的哥王益山的罗马尼亚"达契亚1310",是于1988年托关系买的,当时在成都当出租汽车用,仅3辆。的哥江茂成和王益山的这两款车的共性呢,就是同为东欧车且又以惯例般地以易货贸易进入中国市场。还有一个共性特点,都是典型的小众车。当然,这两款东欧车也有功劳,一是满足了的哥江茂成和王益山当时对小轿车的渴望之需,二是它俩分别为成都出租汽车的车用市场做出了贡献,不然,何来成都出租汽车的"全民下海"时代呢。

图18-6

江茂成最初辞职下海当的哥,是波兰产菲亚特126P把他拖下海的,但他却意外地买了辆波兰的邻居前南斯拉夫的红旗牌小轿车,而且还是火红色的涂装,被江茂成自己也戏称为"红色红旗牌",有祝福自己当的哥将走"红运"的意思。在当时,这辆红色红旗牌出租汽车,成都仅1辆,也只有特立独行的江茂成才敢买。

红色红旗牌原是省政协小车班的,由于车况和乘坐舒适感做公务车不理想,也不受小车班驾驶员的欢迎。但这条消息却被江茂成知晓,于是托人找关系,终于花了4万元人民币将其买回来当了出租汽车使用。此车是于1978年正式在前南斯拉夫红旗Zastava汽车厂投产,它还有一个别称叫"优口Yugo"。实际上,这款车是由意大利菲亚特汽车公司应用1971年的两厢车菲亚特127的车体,配用1969年小型三厢菲亚特128的动力系统,并搭载0.9L~1.3L发动机组合而成。在1989年,这款红旗牌小轿车在南斯拉夫的年产量已达到22万辆,最好的出口量是在1987年,已达到48812辆,但之后的出口量逐年下降,到了1992年,仅出口1412辆。每况愈下的前南斯拉夫红旗汽车厂,终被菲亚特汽车公司于2008年收购了。

在2015年,笔者采访已是成都劳模的哥的江茂成时,他对二十多年前的红色红旗牌仍然是记忆犹新,说当年托人买来的红色红旗牌,着实让他兴奋万分,心头升腾着万千梦想。那个时代要买辆小轿车仿佛难于登天一般。然而,当江茂成开着"红色红旗牌"上路挣钱不到两个月,他就陷入了抛锚和维修的折腾之中。当时的东欧车质量参差不齐,况且江茂成买的又是二手旧车，到后来，汽修厂的老板也不再想反复修理，便诱导江茂成将此车转让给他，庆幸的是江茂成将红色红旗牌卖了4万元，在车价上并没有吃亏。后来，江茂成才知，红色红旗牌并不是那么糟糕透顶，是汽修厂老板看上了这款车，修车时做了手脚，诱导江茂成最终放弃了曾让他揣上美梦的红色红旗牌。

其实，这辆红色红旗牌真的给江茂成带来了"红运"，江茂成当的哥一路走来，先后开了七八个车款的出租汽车，但每每都让他的精神和经济收入不断上台阶。如今，他早已是成都劳模的哥，甚被业界称为"美好成都活地图"。所以，江茂成从未忘记过他的初恋情人红色红旗牌出租汽车。

20世纪80年代中后期，成都用罗马尼亚的"达契亚"做出租汽车曾经有过3辆，这条信息是在采访资深的哥林国春时得到的。这3辆罗马尼亚产达契亚1310小轿车有2辆为米黄色涂装，有1辆为橘红色涂装。（图18-7）

达契亚品牌小轿车在罗马尼亚于1969年投产，有三厢车、两厢车，以及皮卡车3款，分别搭载1.2L、1.3L、1.4L和1.6L自然吸气发动机，并广泛出口苏联、中国和朝鲜等国。其流入成都出租汽车用车市场的是达契亚1310型，1.3L，最大功率56马力，4速手动变速箱的三厢车款。据林国春讲，该车视觉给人以极为松散且不结实的印象，较多人认为车样设计怪异。在成都出现3辆达契亚出租汽车，也属车主在情急之下的举措，其中有1辆达契亚车主就是王益山。王益山是1988年找关系才买到了达契亚1310，由于他是个体车主，便挂靠在成都速达出租汽车

图 18-7

公司。两年后按行业要求,又转挂成立不久的成都出租汽车服务公司,坚持营运两年后,王益山卖掉了让他"头痛不已"的达契亚,买了辆让他日夜盼望的"红奥拓",重新高高兴兴地奔向了成都的大街小巷。

王益山干出租汽车个体工商户,多亏他夫妇俩的勤劳勇敢。在他开出租汽车前,曾是人力三轮车驾驶员,在成都改革开放初期,买了微型货车在火车北站做个体客运。他开车,老婆便到火车北站大门口拉客并帮助旅客提包服务,生意不错,也积累了一点原始资本。后来王益山敢把小货车升级为达契亚小轿车,都源于他有这原始资本。当时王益山为啥要买达契亚呢?因为它是东欧国家的进口车,况且当时买车本身就是个千辛万苦的事,能买到车就是幸运的了。达契亚小轿车到手后,他依然爱在火车北站一带营运拉客。这时，王益山虽然是改变了他的车辆档次，没有改变的，则是他对顾客的热情服务。

然而，这辆达契亚小轿车的性能远非他所想象，那台1.3L的发动机似乎专门在有客人的时候给他"丢脸"，发动机"打不着火"时常让王益山心急如焚。后来，他听说东北一些城市用达契亚车较多，也流行着一句传说——"千刀万剐不买达契亚。"果真，达契亚很快在各地出租车的用车市场上出了局，而罗马尼亚的达契亚品牌最终也被法国雷诺公司收购。

成都的3辆达契亚出租汽车也是昙花一现，来去都是那么快，对车主来说是有损失的。但对成都出租汽车的"全面下海"的时代，是有贡献的。所以说，今天人们乘坐着整齐划一"穿职业装"的出租车时，可不能忘记曾经的出租汽车"全民下海"时代。没有昨天时代，哪有今天的时代呢！

五、菲亚特"大屁股"

菲亚特"大屁股"是指菲亚特125P两厢旅行车。波兰FSO生产菲亚特125P共有三款，分别是三厢小轿车、两厢旅行车和工具皮卡车。由于菲亚特125P来成都主要被出租汽车业界使用，所以，给它们取绰号或功能研究，大都有其行业的感受和视角。从出租汽车市场反馈信息，认为上得了台面的还是菲亚特125P三厢车，红色和米黄色涂装尤受欢迎，其车身材适中，比例得体，看上去很有小轿车应有的衣架子，在街上营运易被乘客选中。菲亚特125P工具皮卡车我国未进口，所以就不必谈了。而菲亚特125P两厢旅行车呢？其实，该款车在波兰或欧洲各国

颇受老百姓选用,其车后备厢是整体设计且又宽敞,置放旅行用具尤为实惠和方便。再者,欧洲人惯于周末或节日驾车外出,所以喜欢菲亚特125P两厢旅行车是情理之中了。

但该款车到了成都市场,却遇上水土不服。一是改革开放初期,旅游市场并未形成,无人租用此车消费;二是只好做城区出租汽车使用,但却被取了个非常形象又幽默的绰号,叫"大屁股"。菲亚特两厢车显得尾厢很宽大,当然就叫它"大屁股"了。

成都第一批菲亚特125P小轿车的用户是成都出租汽车公司,这批车是从天津塘沽港接回来的,共有20辆三厢车。而且这批车还是指标车,是建设部以易货贸易方式进口的,并按全国各大城市刚成立不久的小汽车出租站报计划,下达车辆分配指标,凭指标在北京办理购车手续,其车价并带关税不到1万元人民币。随后,成都又有几批菲亚特125P被接用,这时就有了少量的菲亚特"大屁股"来到成都,涂装只有深红色和米白色两种,其中有1辆,就被出租汽车个体工商户林国安选作了出租汽车。林国安是成都出租汽车业界的"老化石",早在1985年就花了2.8万人民币买了辆昌河EH100X面包车,跑到成都客管处申办了经营许可证,挂靠在成都速达出租汽车公司名下,就当了成都第一批个体出租汽车的哥。开车头1年还可以,但时至1987年,林国安的面包出租汽车的营收陡降,不是市场上没有打的人,而是打的人开始嫌弃面包车了。这时,从来就敢于与时俱进的林国安便找到速达出租汽车公司老板熊盛才,想用他已不太中用的"昌河"车,与熊盛才的公务车互换,而这辆公务车正好是辆菲亚特"大屁股"。熊盛才想到林国安平时待人接物较为厚道,便答应了林国安的请求,几经交谈,林国安补了2.6万元的差价,便兴高采烈地得到了菲亚特"大屁股"。

1991年的一个晚上,林国安忽到其弟林国春的家门口,说让林国春陪他跑一趟长途车去绵阳,路道上正好让林国春练一下车技。林国春也乐意,他刚拿到小汽车驾照不久,既练了车技又陪了他哥。后来他才知道,他哥的菲亚特"大屁股"接了个大单,去绵阳,收费280元。两位乘客是在九眼桥上的车,林国安本可直接出发,但心头有点发虚,见两人出手大方,怕有不测,所以便绕道到林国春家,叫上弟弟一路安全些。在那个时代,好些人已好奇地学开车了,因为开汽车是一个非常有地位和吃香的行当;但拿了驾照无车可开的人也比比皆是。自从林国春在他哥的菲亚特"大屁股"车上偷开了出租汽车后,便也开始了他的汽车梦。为什么说林国春是"偷开"呢,因为林国春虽有驾照,但他还没有出租汽车服务许可证,所以也属违章驾驶出租汽车。

后来,林国安见其弟开车有感觉,便提出让林国春帮他开半边。所谓"开半边"出租汽车,就是实施一车两人制,人停车不停,最大限度地实现出租汽车的有效使用。林国安开出的价钱是每月给林国春包干工资500元,修车和油耗他本人全包,让林国春当个全心全意的出租汽车打工仔。林国春高兴惨了,他在成都人民纸箱厂上班,一个月就两百元多一点,听到哥哥开出的价钱,感觉自己发了大财一般。在1991年8月26日这天,林国春从集体所有制的成都人民纸箱厂办了停薪留职,到成都客管处取得了出租汽车服务许可证,便开始了他的合法的哥生涯。

图 18-8　　　　　　　　　　　　　　　　　林国春　供图

如今，林国春已开出租汽车达26年了，在成都这样坚持的屈指可数。而今，林国春仍在成都蓉城出租汽车公司开迈腾电召出租车，在笔者近期采访他时，他依然清晰记得当年第一次开菲亚特"大屁股"的时刻，他说，他当时太爱这份工作了，所以特意与车合了影（图18-8），留了个纪念，车牌号是四川01-05562。他和他哥也分了工，他开早班，从早上6点到下午2点；他哥开晚班，从下午2点接车开到晚上10点。林国春第一天开菲亚特"大屁股"，早班收工才挣了55元；第二天，林国春提前两个小时出门，但挣回来的收入也不理想；第三天呢，林国春改变了经营策略，少去蹲点，而是打街，边走边揽客。打街也算是一种活广告，林国春当时就是这样盘算着。但事与愿违，林国春见街旁路口有人像候车的样子，见了他的车就是不招手，但见了别的车，那些人就招手要车了呢。对此，林国春常常苦恼。

时间悄然过去两个月了,林国春与他哥哥每天都在承受菲亚特"大屁股"的营运收入渐减,从林国春每早4点出门打街,再到他哥每天延时到12点才收班,他们的菲亚特"大屁股"有整整20个小时在营运,可为什么收入总是比别人少呢,看来问题已不是营运时间了。最后,林国春和他哥林国安想到一块儿去了,那就是他们车的样子出了问题,因为菲亚特"大屁股"样子不像乘客想象中的小轿车,尤其每当他们在高档饭店、酒店,以及娱乐场所蹲点时,就更加明显,其他三厢出租汽车都纷纷载客上路了,他们的车却还在等待之中。此刻,林国春和他哥就更加明白了,乘客是很看重出租汽车样子的,说到底,就是你的出租汽车是否是三厢车,因为只有三厢车才是小轿车,打的就是要有坐小轿车的感觉。而菲亚特"大屁股"呢,从车后看去,活生生的一个大面包车的感觉,别人花钱打的当然是不乐意的了。当时那些打的人看不上的菲亚特"大屁股"的人哪知20多年后的今天,最受热捧的SUV城市越野车,哪个又不是菲亚特"大屁股"孵化出来的呢?真个是"时代不同观念不同"。

1991年底,车主林国安提出了一个大胆的想法,就是要给他的菲亚特"大屁股"做一个大手术,这个"大手术",就是把他的菲亚特两厢车改造成菲亚特三厢车,而且要跟街上营运的菲亚特125P三厢车一模一样。在今天,林国春依然十分清晰地记着,他哥当时找了一家汽修厂合作,用了整整15个白天和夜晚的劳作,在次年的春节前,一辆完整而漆水一新的菲亚特三厢车呈现在他的面前。此刻,这辆改造车在林国春和他

哥的心里更是升起了无限的希望。真是好事成双，这辆菲亚特改造车还顺利通过了车管所的验收，成为名副其实的合法出租汽车。

　　这之后，林国春开车打街或蹲点候客，凡是招手的客人，都没有再放下手了，这就是那个时代三厢车的吸引力。

成都的『耙耳朵』

成都人一看到标题中的"耙耳朵",就会悠然一笑,因为大家都知道它指的是什么,但外地人不一定看得懂。

耙耳朵在成都方言中指怕老婆的男人。人的耳朵里有一种非常具有弹性的骨头,从而使耳朵竖立,它又不至于使头颅意外撞击而折断耳朵,这是我们人类进化的产物。成都称某男人是耙耳朵时,就是说他的耳朵里没有了耳骨,是他老婆给他取掉了,在家里硬立不起来,因为怕老婆。

男人当耙耳朵并非糟事,在成都民国时如被称为耙耳朵,倒是指他讨了个旺夫的老婆。大作家李劼人在他的《大波》之中的"在蜀道轮船上"有段叙文说:"无愧你的这位好朋友苏星煌时常当着人自夸妻命好。哈!哈!妻命倒好,只怕我们的苏兄的耳朵要出毛病!"又说,"我们不要笑耙耳朵,当今在政治舞台上活跃的人,有几个的耳朵不耙?苏星煌的耳朵要能早点耙的话,我相信他的前程更会远大一些。这征兆,我从他们夫妇争论到铁路国有政策上就看出来了。"心安理得当着耙耳朵的苏星煌,当时正当着资政院议员。所以,当耙耳朵也是一种生活方式。

而本文的耙耳朵是指一种交通工具,也叫"偏三轮"或"偏斗车"。20世纪70年代,川西坝子上的成都男人有创造力,硬是在自行车的后轮支架上长出了一只轮子,在轮子上又装上了一把椅子,于是,就可以再搭上一个人上街了。据说,最初的偏三轮是在成都东郊大厂的双身职工中兴起的。起初,从相恋到结婚，都是男人蹬着自行车搭着自己的女人一同上下班。后来，老婆怀孕了，但又要上班，哪敢挤公交车，所以，男人们就创造了偏三轮，载老婆一同上下班。成都东郊的男人创造了偏三轮，而他的老婆呢，不仅仅孕育了爱的结晶，更孕育了"耙耳朵"。所以，在一定意义上讲，耙耳朵是成都人的爱和疼的产物。再后来，成都东郊的这种"先进生产力"传播到了城中区，城里的男人家也不是等闲之辈，于是也纷纷动手"自造"了偏三轮。城中区的人家有的就用偏三轮来接送孩子上学（图19-1），或送老人去医院看病，又安全又方便，尤其是老爷们接送孙子辈的，尽享天伦之乐。

图 19-1

成都职场女性海兰回忆说,她在20世纪80年代的孕期中,也是享尽了"㞎耳朵"之福。她当时常坐的那辆㞎耳朵,是她表哥曾用来接送她姑妈上医院的旧车。当她怀孕时,她老公正好接过了她表哥的班,把那辆有了光荣传统历史的㞎耳朵要回了家,于是海兰就心安理得地享用着㞎耳朵了。骑㞎耳朵的人也得要练手艺,因为它的重心偏左,操作不当是要翻车的。所以,海兰的老公在大院里练了好几天,才敢把她小心翼翼地护上车,进而徐徐上路。如今每当海兰回忆起那场景时都会说,那真是"幸福的㞎耳朵"。

其实,成都男人的这种创造力、想象力早在民国时期就有体现,他们就是凭着对上海黄包车的记忆,自己动手造黄包车,但当时没有充气胶轮带,就用汽车报废轮胎剪成长条,替代胶轮带。一切都是土法上马,硬是造了一批黄包车,当时的成都人称之为"板带车",于是成都南河城外就有了一群成都造的黄包车在飞奔了。到了20世纪70年代,又有成都男人对自行车进行了创造性的改造,着力在一个"偏"字上下功夫,硬是把自行车衍生成了"偏三轮",这也算是有成都传统而顺理成章。

偏三轮这个名字取得非常科学和人文化,仅仅是一个"偏"字,就轻而易举地就把它与人力三轮车之"正三轮"区分开了。人力三轮车之"正","正"在三个轮子正好构成等腰三角形;同时也"正"之稳当,又是市场"明媒正娶"的客运营运车,是合法合规,有执照,有工商注册,有发票的,而且印刷也精致。"偏三轮"之"偏",三个轮子构成的是非等腰三角形,肯定在稳定性上与人力三轮车无法相比,在市场上无什么地位可言,如果敢去载客营运,那就属于"野的"之类,更谈不上工商手续了。但不管如何说,偏三轮还是有个很形象的名字,不管谁,一眼见了,都能叫出这个名字。

老成都人之间不论相识与否,似乎总有些契合之事的巧发。笔者在撰写此文稿之时,总是在想着,能碰上当年"炣耳朵"的爱家多好,采访他们不知能得到多少美好的故事!几天后,笔者在微信里收到海兰发来的一张图片,放大一看,惊大了眼睛,成都当年真有此物?图片是一张"成都偏斗车牌照",牌照号码13796(图19-2)。从此牌照看,偏斗车牌照发放早已过万辆。一问此图来历,得知是海兰的老师阿光发出的,真是"击鼓传花传到家,家里正在等着它"。

图 19-2

其实,此前发图的第一人、第二人都不知"我家"正在等着它,它却被传于笔者的笔下了,你难道不相信,老成都人似乎总有契合之事的巧发吗?

后来,在阿光老师那儿,采访到了这张"偏斗车牌照"的历史。在本文的前面已叙述过,成都民间起初叫"偏三轮",后来又叫"炣耳朵",乃至到"炣的"。自从成都东郊的"偏三轮"传到中心城区后,动手能力强的男人也开始仿制了,因为制造它不难,又非常实用,于是大街小巷就能常见其如飞的身影。但后来有了安全隐患,经常有"炣耳朵"连同它的主人一起"不打自

垮"，这当然是"粗制滥造"的代价。这时，有的小工厂盯住了市场，开始生产较规范的偏斗车，作为自行车销售门市部的配套产品予以上市。

20世纪80年代中期，就有个叫钟贵昭的成都人，把成都的偏斗车推向了疯狂的高潮。他当时投资创办了成都和平偏斗车厂，并担任厂长一职，专注偏斗车生产。厂址在成都的洞子口，其注册品牌也极具煽动力，叫"全家乐"，让人有着可载一家人的想象空间。钟厂长很有经营头脑，一手抓偏斗车的批量生产，一手抓偏斗车的技术鉴定，组织申报知名品牌验收评审。一时间，他的和平厂和"全家乐"不仅仅乐了成都，更乐了全国好多大小城市。（图19-3）笔者电话采访钟贵昭获悉，当年他的和平厂共生产的偏斗车超过了50万辆，在成都本地销售达15万辆，其余的被北京、上海、西安等大中城市的经销商订购。起

图19-3

初，除和平厂专业生产偏斗车外，也有些小工厂在生产，但因生产规模小、质量差，很快被和平厂的实力给挤出了市场。如今，创建和平偏斗车厂的钟贵昭早已是四川某集团的老总了，看来"炽耳朵"真能把人载到幸福的彼岸。

据阿光老师讲，由于有了市民的购买和使用，成都的相关管理部门着手制定了偏斗车的使用办法，并实行了凭自行车和偏斗车的发票上户领取牌照的服务，后来由于办照人较多，又允许多地街道办事处办证上户。当时群众十分高兴，他们家里的自行车一下就成了合法的偏斗车，真是一辆偏斗车方便了一家子。从此，成都的偏三轮又有了一个官方的名字叫偏斗车。

随着偏三轮不断驶入成都人的心坎，幽默大气的成都人又赐给了它一个更加意味深长的名字"炽耳朵"。这个名字很形象，也很抽象。为什么呢？因为偏三轮它远远看去，那只"偏"出来的轮子，犹如人们的耳朵。你看看，炽耳朵是多么形象而生动的来源于生活的名字啊。说偏三轮偏出来的轮子像人的耳朵，形象呀，就叫"耳朵"得了，为啥子还要加上个"炽"字呢？这就得从成都人的"更抽象"谈起了。

"炽耳朵"一词早就有了，只不过长期用在怕老婆的男人身上，但把这个名字用在物之偏三轮身上，倒是创新而来的，创新在于它"更抽象"。

成都就是有成都的地方人文。在20世纪80年代，当成都男人骑着自己动手改造的偏三轮，载着老婆满街跑的时候，成都人就幽默地把这个男人的"炽耳朵"名字，又赐给了他的偏三轮了，人之名称陡然变成了物之名称，"炽耳朵"的人与"炽耳朵"

的物,竟然在一辆车上高度重合。"耙耳朵"三个字一经呼出,竟然呼了"两个东西",亦人亦物!你能不说,"耙耳朵"早已从具象思维跳到了很高的抽象思维了吗?

但耙耳朵并未因此而停车,它还在升华,从家用到商用的升华,它在没有市场的地方去找市场。于是,在成都20世纪八九十年代,成都的出租交通市场上诞生了一个名字叫"耙的"。

"耙的"就是成都最早的民用偏三轮,或曰"偏斗车""耙耳朵"的脚踏车进入了出租交通服务业,人们就取"耙耳朵"的"耙"与的士车之"的",进行创造性组合,诞生了这个新名词。从文字上看,是取两词的第一个字相加,其实远远不是一般的加减法,是它创造性地从家用交通工具中分离出了一个新的民间出租交通工具,同时也是再一次对"耙耳朵"一词的内在进行了大抽象和大简约。由于抽象过大,异地人一时半会儿还听不懂什么叫"耙的"。

"耙的"在20世纪八九十年代活跃于成都小街头、车站等地方(图19-4)。客观上成了下岗工人和一些失地人口的谋生工具,让一些不喜欢挤公交车或有不方便的、没有什么钱打出租汽车的人乐坏了。他们一出门,就能在小街边一呼,"耙的"就来到了身边。人到中年的老成都人霞光回忆说,他有一段难以忘怀的"打的"经历,他打的就是"耙的"。在1990年初,他因腿骨折挤不了公交车又打不起出租汽车,便打了"耙的"去医院,从住家李家沱到万福桥八一骨科医院,单边三公里有余,"耙的"师傅要了他一块钱。于是他就风风雨雨来来回回打了"耙

图 19-4

的"一个多月,在那一个月的日子里,"炮的"就是他出行的"脚力"。

其实,蹬"炮的"也能蹬出自己的事业来。现在成都长江出租汽车公司当的哥,开着10178号捷达出租汽车的黄明辉就是一个。黄明辉于1989年从盐亭到成都,只身一人来打工,在工作无望之下,买了辆二手"炮的"揽客挣口饭钱。据黄明辉讲,他的"炮的"被治安员没收了的估计有一卡车了,但他锲而不舍,总算能把自己养活。到了1994年,黄明辉胆子越来越大,竟然借钱3万元,买了辆金牛区的正规人力三轮车,便合法合规地当上了三轮车的哥,一天下来营收有个百多元,着实让他兴奋惨了。两年后,黄明辉又买了第二辆人力三轮车,自己蹬一辆,另

一辆以月租800元租给别人。黄明辉样子憨实，但脑壳却很灵活，在2004年听说区政府有意让三轮车退出客运市场时，他以5万元价格卖出一辆，另一辆让政府以5.2万元给回购了，还为他买了10年的社保。

没有三轮车的黄明辉没耍几天，又来了个大转身，他花了钱去学了个驾照，就跑到长江出租公司承包了一辆红奥拓，又当上了出租汽车的哥，而且是一干就十几年，三度被评为长江出租汽车公司的先进生产者。十几年的哥生涯，黄明辉自然是买了按揭房，也把家人接到了成都。每当说起当的哥的事来，黄明辉都是一脸幸福的样子。更有意思的是，他的儿子长大了接了他的班，也在长江公司当上了的哥，现在他们父子俩正同开一辆出租汽车。看来，成都的粑的真能养人，只要你是勤劳的。黄明辉来成都快30年了，他的粑的生活模式不就证明着，蹬"粑耳朵"也可以蹬出自己的大世界。

笔者愈加感到粑的是篇绕不开的成都情结。在今天的成都宽窄巷子风情街头，就艺术装置了一部粑的作品（图19-5），这个"艺术品"一出世，就勾魂般地引起了老成都人，也包括外地来蓉游客争相试坐，并与这装置艺术合影留念。在旅游季或节假日高峰时期，排长队候坐"粑的"的人摩肩接踵，可见成都人对粑的的喜欢和情结。

从"偏三轮"诞生到"粑耳朵"得名，又到"粑的"营运，它竟然在短短的时间内完成了"三级跳"。一跳是从自行车变"偏三轮"，因具象思维得名，二跳从"偏三轮"到"粑耳朵"，因抽象得名，三跳是从"粑耳朵"到"粑的"，因大抽象得名。

图 19-5

你说成都人幽默不幽默?

  当然,成都人对"炽的"的情结深,但却苦了想管住炽的的人。炽的是没有取得准生证而生的,上街拉客是非法营运,蹬炽的的人又不太讲交通规则,交通安全风险也大,再加之在成都20世纪八九十年代还没有"城管"概念,所以要管住炽的,难度可想而知。

怀旧不仅仅是一种情怀

张建从事行政工作多年,在业界有很好的口碑,几乎众口一致的好评:"这是个干事情的人!"

我与他交往也有时日,但更多的是读他的摄影作品,读他那些具有独特视角的内心倾诉,我视他为有创意、有品位的艺术家。

最近读他刚出版的《从清朝开来的的士》,让人眼界大开,这是一本奇书,该书文字生动,史料丰富,让人无限感慨,受益良多,真不知他还是一位充满乡土文化的学者、一位让人无比敬重的有心人。

更让人意想不到的是,最近他又写出了具有极高史料价值的新著《百年车风景——成都交通与影像》。此书洋洋大观,珍贵图文精彩,许多奇文异事闻所未闻,让我这个20世纪40年代出

生的老成都也格外激动！坦率地讲，我读的历史书籍十分有限，但却舍不得放弃对故乡的点滴回忆，所谓触景生情，只有在距离我们生命最近的岁月去触摸那些似乎还散发着余温的风景，才更让人心动、让人生情。大概也正是这个缘故，我极力推荐朋友们关注张建已出和即将要出版的新书。如有兴趣，再去看看由他倡导建立起来的全国唯——家"的士书馆"，还有那世界唯一的"的士文化博物馆"，你一定终身受益。

阿　年

2018 年 8 月 23 日

阿年，画家、作家、摄影家。原《美术界》《读书人》《中国艺术家》主编，江苏美术出版社、四川美术出版社、古吴轩出版社艺术顾问，云南艺术学院、马来西亚艺术学院、国际现代设计学院客座教授。

图书在版编目（CIP）数据

百年车风景：成都交通与影像 / 张建著 . — 成都：成都时代出版社，2018.9

ISBN 978-7-5464-2175-9

Ⅰ . ①百… Ⅱ . ①张… Ⅲ . ①城市交通 – 交通运输史 – 成都 Ⅳ . ① F572.89

中国版本图书馆 CIP 数据核字（2018）第 201803 号

百年车风景：成都交通与影像
BAINIAN CHEFENGJING CHENGDU JIAOTONG YU YINGXIANG

张建◎著

出 品 人	李文凯
责任编辑	李卫平
责任校对	李　佳
装帧设计	九天众和
封面题签	董小庄
插　　画	朱　锐
责任印制	唐莹莹
出版发行	成都时代出版社
电　　话	（028）86742352（编辑部）
	（028）86615250（发行部）
网　　址	www.chengdusd.com
印　　刷	四川华龙印务有限公司
规　　格	155mm×230mm
印　　张	18
字　　数	200 千
版　　次	2018 年 9 月第 1 版
印　　次	2018 年 9 月第 1 次
书　　号	ISBN 978-7-5464-2175-9
定　　价	52.00 元

著作权所有·违者必究　本书若出现印装质量问题，请与工厂联系。电话：（028）87781035
本书图片若无特别说明，均由蓉城的士文化博物馆提供